GOLDMANN
Lesen erleben

Buch

Nach dem Debakel der UN-Klimakonferenz in Kopenhagen beschloss Hannes Jaenicke, auf den Spuren seiner äußerst erfolgreichen Fernsehdokumentation »Im Einsatz für ...« ein Buch zu schreiben. Hier dokumentiert er nicht nur mit zahlreichen berührenden Bildern, Reportagen, Interviews und einem Drehtagebuch, wie die Zerstörung der Erde durch den Menschen voranschreitet, sondern er stellt auch Projekte vor, die sich dieser negativen Entwicklung unverzagt entgegenstellen. Außerdem gibt er zahlreiche Tipps, wie jeder Einzelne mit einfachen Maßnahmen etwas dafür tun kann, unseren Lebensraum zu erhalten. Denn Wut und Gerede allein helfen nicht, man muss selbst aktiv werden.

Autor

Hannes Jaenicke, geboren 1960, absolvierte eine Ausbildung in Gesang, Tanz und Schauspiel am Max-Reinhardt-Seminar in Wien. Neben seinen Fernsehengagements spielt der Grimme-Preisträger auch in vielen deutschen und internationalen Filmen mit. Außerdem ist er als Drehbuchautor und Hörbuchsprecher erfolgreich. Privat engagiert er sich stark für Themen aus den Bereichen Menschenrechts-, Tier- und Umweltschutz.

Hannes Jaenicke

Wut allein reicht nicht

Wie wir die Erde vor uns schützen können

In Zusammenarbeit mit Judith Adlhoch

GOLDMANN

FSC
www.fsc.org
MIX
Papier aus verantwortungsvollen Quellen
FSC® C005833

Verlagsgruppe Random House FSC-DEU-0100
Das für dieses Buch verwendete FSC®-zertifizierte Papier
Profibulk von Sappi liefert IGEPA.

1. Auflage
Vollständige Taschenbuchausgabe Mai 2012
Wilhelm Goldmann Verlag, München,
in der Verlagsgruppe Random House GmbH

Umschlaggestaltung: Uno Werbeagentur, München
Umschlagillustration: picture-alliance/dpa/Tim Brakemeier
Redaktionelle Mitarbeit: Swantje Steinbrink, Berlin
Satz: Barbara Rabus
Druck und Bindung: Těšínská Tiskárna a. s., Český Těšín
CB · Herstellung: IH
Printed in the Czech Republic
ISBN 978-3-442-17310-5

www.goldmann-verlag.de

Inhalt

Liebe Leserinnen und Leser,

als uns das Angebot gemacht wurde, ein Buch zur ZDF-Reihe »Hannes Jaenicke: Im Einsatz für ...« zu schreiben, lehnten wir aus Zeitgründen dankend ab. Meine Partner und ich steckten in den Vorbereitungen zu zwei neuen Filmen (Gorillas und Delfine) und hatten alle Hände voll zu tun.

Aber dann fanden im Herbst 2009 zwei Ereignisse statt, die uns umstimmten: Das erste war die deutsche Bundestagswahl und das zweite die Klimakonferenz in Kopenhagen. Die Wahl versprach wegen des Erfolgs der FDP wenig Gutes in Bezug auf die Umweltpolitik, die Klimakonferenz war bekanntlich ein solches Debakel, dass ich kopfschüttelnd vor Wut vor dem Fernseher saß und zwei Dinge realisierte: Politik und Industrie werden auch weiterhin wenig zum Umweltschutz beitragen außer Geschwätz und Greenwash. Und der Schwarze Peter bleibt wie immer beim sogenannten Endverbraucher hängen. Und das sind Sie und ich.

Dank der erschreckend erfolgreichen Arbeit der Industrie-Lobbyisten weltweit bleibt unserer Klimakanzlerin a. D. Angela Mer-

kel, US-Präsident Obama und ihren Kollegen seit Jahren nichts anderes übrig, als unermüdlich grün daherzureden und grüne Politikziele zu proklamieren. Aber was ist tatsächlich passiert? Nichts. Außer einem weiterhin rasant ansteigenden CO_2-und Methan-Ausstoß weltweit, einem ebenso stark ansteigenden Artensterben und einer immer schnelleren und nicht mehr reparablen Umweltzerstörung und Plünderung unserer Ressourcen. Von der Vermüllung des Planeten ganz zu schweigen. Wut und Gerede reichen also nicht.

Deshalb haben wir das Buch nun doch gemacht. Erstens, weil das Umweltthema seit der Kopenhagener Konferenz aus den Medien verschwunden ist. Zweitens, um zu dokumentieren, wie es um unser Zuhause, Mutter Erde, und einige ihrer Bewohner bestellt ist. Drittens, um zu zeigen, was wir tun können, um zu retten, was zu retten ist. Und wie einfach das sein kann.

Dieses Buch könnte die letzte Gelegenheit sein, einige wunderbare Tierarten kennenzulernen, bevor sie endgültig von unserem Planeten verschwinden: Gorilla, Wolf, Orang-Utan, Hai, Delfin, Kuckuck, Eisbär. Sie alle sind akut vom Aussterben bedroht. Ihr übermächtiger Feind: der Mensch. Sein Motiv: Konsum, Profit, Ignoranz.

Es würde dieses Buch und besagte TV-Dokumentationen nicht geben ohne meine Mitstreiter Judith Adlhoch, Markus Strobel und die Crew der Münchner Tango Film. Ihnen und allen Umweltaktivisten/innen, die mich so unglaublich engagiert unterstützt haben, möchte ich von Herzen danken.

Aufschlussreich war es auch, eine Reihe spannender Interviews führen zu dürfen, die hier in Auszügen abgedruckt sind. Mein Dank gilt Jochen Flasbarth, Präsident des Umweltbundesamtes, den Umweltministern Dr. Norbert Röttgen und Sigmar Gabriel sowie vor allem Nicolas Entrup, Geschäftsführer der WDCS Deutschland. Die vollständigen Interviews sind auf meiner Homepage zum Buch www.wut-allein-reicht-nicht.de nachzulesen.

Und last not least: Ohne meine Lektorin Renate Hofmann vom Gütersloher Verlagshaus wäre dieses Buch nie entstanden. Auch ihr einen ganz speziellen Dank!

Einleitung: Zeit zu handeln

»Fiasko«. »Debakel«. »Desaster«. Die Kommentatoren in den Medien lassen ihrer Wut angesichts der mageren Ergebnisse auf der UN-Klimakonferenz im Dezember 2009 freien Lauf. Auch ich kann es nicht fassen: Da treffen sich Regierungsvertreter aus 192 Staaten zwölf Tage lang, um endlich einen weltweit gültigen Klimaschutzvertrag zu schließen – und was kommt dabei heraus? Ein unverbindliches Abschlussdokument namens »Copenhagen Accord«. Eine zweieinhalbseitige Absichtserklärung mit hohlen Versprechen. Warum musste nun auch der 15. Klimagipfel scheitern? *Obwohl* sich die Experten aus aller Welt längst darüber einig sind, dass wir Menschen nur noch höchstens 20 Jahre Zeit haben – dann muss das Ruder herumgerissen und der CO_2-Ausstoß drastisch reduziert sein. *Obwohl* wir alle ebenso wie die Politiker die Folgen unseres schier unstillbaren Konsumverhaltens mit eigenen Augen sehen. *Obwohl* der Druck von Umweltorganisationen so stark ist wie nie zuvor – und *obwohl* im Vorfeld der Konferenz die Hoffnung mitschwang, diese Klimakonferenz sei zu groß, um zu scheitern.

Die UN-Klimakonferenz: Zu groß, um die Erde schützen zu können?!

Offenbar ist die UN-Klimakonferenz aber zu groß und damit zu schwerfällig, um zentrale Punkte wie die Gerechtigkeitsfrage zwischen Industrie- und Entwicklungsländern zu klären – immerhin sind die ärmsten Länder, die am wenigsten zum Klimawandel beigetragen haben, besonders stark betroffen, aber am wenigsten in der Lage, sich

Auszug aus dem Interview mit Dr. Norbert Röttgen, Bundesumweltminister

Hannes Jaenicke

Ist nach Kopenhagen die Zeil der Versuche, global zum Thema Umwelt und Naturschutz zu kooperieren, vorbei?

Dr. Norbert Röttgen

Es ist eben die Aufgabe dieser Zeit, dass wir eine globale Ordnung schaffen und uns von Rückschlägen nicht zurückwerfen lassen dürfen. Ich gebe ja zu, manchmal kann man sich wie Sisyphos vorkommen, der Stein rollt immer wieder ein bisschen zurück, aber die Aufgabe ist, ihn immer wieder den Berg hochzurollen.

Hannes Jaenicke

Die Amerikaner haben 2008 die Einfuhr von Eisbärtrophäen verboten, und seitdem ist der Jagdtourismus von amerikanischen Eisbärenjägern wie vorher nach Kanada kollabiert. In Deutschland dagegen blüht er. Auf der Jagdmesse in Dortmund haben wir an sechs Ständen gedreht, die Eisbärenjagden für 40 000 Euro verkauften – und die waren ausgebucht. Andererseits hat die EU den Import von Robbenprodukten aus Kanada verboten. Wir importieren also keine Robbenfelle mehr, obwohl das Tier nicht mal gefährdet ist. Es gibt folglich Alleingänge, von denen zumindest eine Signalwirkung ausgeht.

Dr. Norbert Röttgen

Ich glaube, dass man mit dem Ansatz keine Lösung findet. Die USA haben zwar, bedingt durch ihre Größe, andere Möglichkeiten,

aber kein einzelnes Land kann das Problem wirklich lösen, höchstens ab und zu ein Symbol setzen. Darum ist es das Wichtigste, internationale Regeln zu schaffen. Man muss sich klarmachen, dass sowohl der Klimawandel als auch das Artensterben global und folglich nicht durch einen einzigen Staat, weder durch die USA noch durch China, noch durch Europa, geschweige denn durch Deutschland zu lösen sind. Aus diesem Grund dürfen wir uns nicht das Recht nehmen, uns von der Langsamkeit und den Rückschlägen abschrecken und uns von dem globalen Ansatz abbringen zu lassen.

Hannes Jaenicke

Auch wenn es für viele Tierarten schon zu spät ist?

Dr. Norbert Röttgen

Es ist richtig, wir haben keine Zeit zu verlieren. Denn den Zeitverlust bezahlen wir mit Artensterben, mit Tierartensterben, Pflanzenartensterben und dem Fortschreiten der Erderwärmung mit all den Folgen, die dann irgendwann unausweichlich werden. Wir leben in einer entgrenzten Welt. Wir müssen die Weltordnung neu, und zwar kooperativ entwickeln und wenn wir daran scheitern, werden wir an den Problemen scheitern und können sie nicht stattdessen national lösen.

vor den Folgen zu schützen – und die dringend notwendigen Entscheidungen zu treffen:

Die Industrienationen, allen voran China, Indien, die USA, Kanada und die EU, werden von einflussreichen Wirtschaftslobbys in Schach gehalten, indem diese nicht müde werden, den wirtschaftlichen Kollaps heraufzubeschwören, sobald von Kohlendioxid-(CO_2-)Grenzwerten die Rede ist. Und zwar den neuesten Erkenntnissen zum Trotz: »Unser ›Wirtschaftswachstum‹ ist in Wahrheit Wirtschaftsvernichtung«, bringt Franz Alt es auf den Punkt.[1] Und der indische Ökonom und UN-Sonderbeauftragte Pavan Sukhdev prognostiziert, die Weltwirtschaft werde aufgrund der großen Umweltschäden in den nächsten 40 Jahren um mehr als 5 Prozent schrumpfen bei gleichzeitigem Wachstum der Bevölkerung um 52 Prozent.[2] Die Vielfalt zu schützen sei deutlich billiger, als weiterhin ihre Zerstörung zuzulassen.

Doch die Klimawandelzweifler und -leugner bekommen immer wieder Rückenwind. Diesmal von der aktuellen Weltwirtschaftskrise, die die Ökoversprechen der Politiker auf eine harte Probe stellt, einem langen Winter mit Dauerfrost und von einem Lapsus in dem UNO-Klimabericht vom Februar 2007. Sofort fallen die Klimawandelleugner, unterstützt von verantwortungslosen Journalisten und Industriemanagern, über die Klimaforscher her und stellen die ebenso absurde wie gefährliche Frage: Gibt es den Klimawandel überhaupt?

Auch Schwellenländer wie Indien und Brasilien befürchten, frühzeitige Abgasziele könnten ihr wirtschaftliches Wachstum gefährden, und wehren sich zudem vehement und selbstbewusst gegen jede öffentliche Überprüfung von Emissionszahlen.

Die Entwicklungsländer wiederum sind auf finanzielle und technologische Unterstützung angewiesen, wenn es zum Beispiel darum geht, weitere Entwaldung zu vermeiden. Aber der reiche Norden weigert sich, die Kosten des Klimawandels einfach so zu bezahlen – und Vorbedingungen, so der sudanesische Chefunterhändler, lasse man sich von den Industrieländern sicher nicht diktieren.

Doch die Klimawandelzweifler und -leugner bekommen immer wieder Rückenwind.

Ein wesentlicher Anteil am Scheitern der Kopenhagener Klimakonferenz wird aber der Wirtschaftsmacht China angekreidet, weil sich diese weigert, ihren Abgasausstoß offenzulegen. Die nationale Statistikbehörde arbeite absolut zuverlässig und transparent, heißt es aus Peking. Zudem sieht sich China selbst als »Entwicklungsland« in Sachen Kohlendioxidausstoß: Nachdem sich einige Länder 200 Jahre lang auf Kosten der Umwelt entwickelt hätten, solle jetzt den Entwicklungsländern erlaubt werden, mehr CO_2 auszustoßen als den Industrieländern. Und der chinesische Botschafter Wu Hongbo betont zwei Monate später anlässlich einer Klimaschutzdebatte in Berlin, man könne seinen Landsleuten schließlich nicht verbieten, auch mal Auto fahren zu wollen.[3]

»Pollution-Poker« der (CO_2-)Supermächte ...

Das Kyoto-Abkommen, das 2005 in Kraft getreten ist und 2012 auslaufen wird, war ein wichtiger Schritt nach vorn, die Konferenz in Kopenhagen jedoch nur ein Zickzacklauf um den heißen Brei. Hier wurden die Regierungschefs ganz offensichtlich nicht von der Vernunft regiert – sonst hätten wir jetzt einen vernünftigen Klimaschutzvertrag –, sondern von Emotionen wie Stolz und Furcht sowie kurzsichtigen Macht- und Wirtschaftsinteressen. Je stärker die wirtschaftlichen und sozialen Strukturen der einzelnen Staaten von notwendigen Klimaschutzmaßnahmen berührt werden, desto unwahrscheinlicher wird ein globaler Konsens in Form eines internationalen Klimaschutzabkommens. Gleiche Verpflichtungen bei völlig ungleichen Verhältnissen? Eine politische Illusion ...

Zwar richten sich die jüngsten Hoffnungen nun auf den weiteren Verhandlungsprozess für ein neues Klimaabkommen und auf die Konferenz in Mexiko-City im Dezember 2010. Aber können wir darauf warten, dass sich das träge Politmonstrum in Sachen Klimaschutz irgendwann bewegt – zumal Klima- und Wirtschaftsfragen heute nicht mehr voneinander zu trennen sind?

Klimawandel. Das klingt so sanft, so gefährlich harmlos. Und Klimakatastrophe? Dieser Begriff verleitet dazu, in Schockstarre zu verfallen: »Da kann ich ja sowieso nichts mehr dran ändern ...«

Wir entreißen Tieren, Pflanzen und nachfolgenden Gernerationen von Menschen die Lebensgrundlage.

Doch was vor unseren Augen durch uns Menschen passiert, ist letztlich nichts anderes als qualvolle Grausamkeit. Und es wäre von jedem Einzelnen unverantwortlich, davor die Augen zu verschließen: Wir entreißen Tieren, Pflanzen und nachfolgenden Generationen von Menschen die Lebensgrundlage und verwandeln die Erde gleichzeitig in eine gigantische Müllhalde.

Ich selbst habe viel zu lange gebraucht, meine persönliche Wut über die Ignoranz und fadenscheinigen Lippenbekenntnisse von Politikern und Wirtschaftsbossen in Aktivität umzusetzen.

Wir dürfen es einfach nicht »denen da oben« überlassen. Schließlich geht es hier nicht um ein paar Prozentpunkte der

Auszug aus dem Interview mit Jochen Flasbarth, Präsident des Umweltbundesamtes

Jochen Flasbarth

Deutschland ist eines der ganz wenigen Industrieländer, das seine CO_2-Minderung unabhängig von allen anderen Industriestaaten gesetzt hat. Die vorherige Bundesregierung knüpfte ihre Festlegungen an Bedingungen: Nur wenn die EU insgesamt 30 Prozent CO_2-Minderung bis 2020 bestimmt, verpflichtet sich Deutschland zu 40 Prozent. Die EU richtete sich ihrerseits nach allen anderen Industriestaaten – Amerikanern und Japanern –, die ebenfalls in dieser Größenordnung von 30 Prozent mitmachen müssten. Das ist von der neuen Regierung im Herbst aufgelöst worden; das deutsche 40-Prozent-Ziel steht – unabhängig von den Ergebnissen der Klimakonferenz und den Zusagen anderer Staaten. Das ist jetzt Regierungspolitik und damit Leitlinie der Politik. Als Umweltbundesamt haben wir Vorschläge unterbreitet, wie man diese 40 Prozent erreichen kann.

Mich ärgert dabei, dass die EU immer noch in der alten Logik verharrt, die Sie gerade genannt haben: Wir machen unsere 30 Prozent nur, wenn die anderen auch mitspielen. Und darin lag meines Erachtens in Kopenhagen auch das Glaubwürdigkeitsproblem der EU.

Die hinter der deutschen Positionierung liegende Logik ist die folgende: Wir glauben daran, dass wir durch den Umbau unserer Wirtschaft bis 2020 mit 40 Prozent weniger Treibhausgasen auskommen können und bis 2050 dann mit 80 bis 95 Prozent weniger. Wir sind davon überzeugt, dass es global richtig und für Wirtschaft und Gesellschaft eine richtige Innovationsstrategie ist. Wir sehen es nicht als eine Bürde, als eine Last, die wir tragen müssen, sondern wir glauben, dass uns dieser Weg Zukunftschancen eröffnet.

Mehrwertsteuer, sondern um ein paar Grad der Erderwärmung. Und was das bedeutet, ist absolut nicht kuschelig: weltweiter Wassermangel, das Aussterben Hunderter Tierarten, das Umkippen ganzer Ökosysteme, Überflutung von Küstengebieten, riesige Flüchtlingsströme ... Angesichts solcher Horrorszenarien fühlen wir uns schnell ohnmächtig. Diesem Gefühl nachzugeben hieße aber, der gierigen Wirtschaftslobby in die Hände zu spielen. Also müssen wir dagegen ankämpfen, indem wir uns immer wieder bewusst machen, dass wir als Konsumenten eine ungeheure Macht besitzen: die Macht der Nachfrage. Wenn wir unser Konsumverhalten ändern, muss der Markt reagieren. Das Dümmste, was wir tun können, ist zu resignieren.

Das Dümmste, was wir tun können, ist zu resignieren.

Das Klügste, was wir tun können, ist, unsere stärkste Waffe zu benutzen: unseren Geldbeutel. So führte zum Beispiel der Tankstellenboykott der deutschen Autofahrer 1995 dazu, dass die Brent Spar (Öltank von Shell und Esso) nicht einfach im Meer versenkt, sondern umweltgerecht demontiert und entsorgt wurde.

Viel klüger und menschlicher ist es – und das sind wir der Erde als Homo sapiens [lat.: kluger/weiser Mensch] schuldig –, genau hinzuschauen, hinzuhören, sich zu informieren, betroffen und wütend zu sein ... und zu handeln. Jetzt.

Brennpunkt Erde

Drehtagebuch: 13. November 2008

Flug München – Toronto

Der Airbus hebt pünktlich und mit Getöse zum 8-stündigen Flug ab. So viel zum Thema CO_2-Reduzierung: Wieder leisten wir einen üppigen Beitrag zum rapiden Wegschmelzen des arktischen Eises.
Womit wir beim eigentlichen Thema wären: Kohlendioxid. Und da muss ich dann erst mal vor der eigenen Haustür kehren. Ich fahre zwar ein sogenanntes Umweltauto, esse kein Fleisch, kaufe nur Bio- und umweltschonende Produkte und versuche auch sonst meinen Haushalt so umweltfreundlich wie möglich zu gestalten. Aber dafür fliege ich ständig durch die Weltgeschichte. Mit dem Hin- und Rückflug nach Kanada produziere allein ich ungefähr 4,5 Tonnen CO_2 und damit einen fetten Beitrag zur globalen Erwärmung. Macht für unsere fünfköpfige Filmcrew 22,5 Tonnen Gift.
Um Filme zu drehen, die die katastrophale Umweltzerstörung, das Aussterben diverser Tierarten dokumentieren sollen, fliege ich mit meinem Team also munter rund um unseren verschmutzten Globus. Gut vier Liter Kerosin verbraucht jeder Passagier auf 100 geflogene Kilometer, heißt es.
Das Kamera-Equipment, es entspricht in etwa 400 Kilo Übergepäck, nicht mitgerechnet. Genauso wenig wie das Plastikgeschirr

und die unzähligen Plastikflaschen, alles Ölprodukte, die uns die Flugbegleiter während des langen Fluges servieren.
Oder die beiden 4-Wheel-Drives, die wir in Churchill, Manitoba, angemietet haben, um mit unserem Equipment von Drehort zu Drehort zu gelangen. Die ganze gut gemeinte Unternehmung ist also von Anfang an ein gigantischer, fauler Umweltkompromiss.

Täglich verschwinden mindestens 50 Tierarten von »unserem« Planeten. Jede fünfte Tierart ist vom Aussterben bedroht.

Der Lebensraum Erde verliert das Gleichgewicht

Niemand weiß genau, wie schnell der Artenschwund voranschreitet. Laut Weltnaturschutzunion IUCN sterben derzeit 1000 bis 10 000 mal so viele Arten aus, wie es in der natürlichen Evolution geschehen würde. Tierarten, mit denen unsere Vorfahren gelebt haben, existieren nicht mehr. Stellen Sie sich vor, Sie wachen eines Morgens auf und hören nicht mehr den melodiösen Gesang der Amsel, die immer vor Ihrem Fenster geträllert hat. Nie mehr. Noch ist es zwar nicht die Amsel, die bedroht ist, aber zum Beispiel 80 Prozent der in Deutschland beheimateten Schmetterlingsarten wie der Große Fuchs.

Sie gehörten zu den Sommern unserer Großeltern und Eltern dazu wie die Sommersprossen auf der Nase. Schon bald wird es diese eleganten und nützlichen Tiere nicht mehr geben, weil der Mensch keine Rücksicht nimmt: In Deutschland müssen immer mehr wilde Wiesen dem Bedürfnis der Menschen nach pompösen Einkaufszentren mit Megaparkplatz weichen. Den Garten des schicken Eigenheims müssen exotische Pflanzen zieren und den Tisch makelloses Obst und Gemüse (Pestiziden sei Dank!) ... So zerstören wir – oft unwissentlich – den Lebensraum vieler Tierarten. Denn wir sind so daran gewöhnt, unserer Bedürfnisbefriedigung nachzugeben, dass wir blind werden für die akuten Folgen. Nun vermögen ein paar Schmetterlings- und Vogelarten weniger leider noch keine allgemeine Bestürzung hervorzurufen, aber mit jeder aussterbenden Art wird unsere Welt ärmer an Farben, Formen, Genen, Geräuschen – und es droht der unersetzbare Verlust kostbarer Ökosystemfunktionen. Der Lebensraum Erde gerät unwiederbringlich aus dem Gleichgewicht.

Mindestens ebenso beschämend für den Homo sapiens: Viele Tierarten sind Opfer von »hausgemachten« Mensch-Tier-Konflikten, zum Beispiel der Schwarzbär in Kanada, dem der Mensch immer mehr auf die Pelle bzw. das Fell rückt, oder auch von illegalem Tierhandel: Getrieben von unmenschlicher Gier werden die Tiere – vor allem Primaten, Meeressäuger und Raubkatzen – gejagt, gefangen oder gleich erlegt und dann zu Geld gemacht. Sei es, dass die Tiere als Delikatesse auf dem Teller landen oder als lebendige Attraktion hinter Gittern.

Beschämend für den Homo sapiens.

Wie selbstverständlich setzt sich der Mensch über das Lebensinteresse von Tieren hinweg:[4] Der Mensch, das zügellose, triebgesteuerte Wesen, das zur akuten Bedürfnisbefriedigung über Leichen geht? Oder doch: Der Mensch, das vernunftbegabte Wesen, das zu Mitgefühl und Verhaltensänderung fähig ist? Wir tragen beides in uns. Sicher ist jedenfalls, dass wir Verursacher eines Massensterbens sind und damit einen nicht besonders schmeichelhaften Rekord aufgestellt haben, denn seit Entstehung des Lebens vor 3,5 Milliarden Jahren war noch nie eine bestimmte Spezies für das Aussterben anderer Arten verantwortlich. Und nur der Mensch hat es in der Hand, das unkontrollierte (Arten-)Sterben aufzuhalten.

Und nur der Mensch hat es in der Hand, das unkontrollierte (Arten-) Sterben aufzuhalten.

Jedes Mal, wenn mein Handy klingelt oder ich meinen Laptop aufklappe, schießen mir die Bilder der völlig verängstigten Gorillababys im kongolesischen Virunga Nationalpark in den Kopf …

Von Handys, Laptops und Gorillas

Die sogenannte Demokratische Republik Kongo ist weltweit der Hauptlieferant für das seltene Roherz Columbit-Tantalit, kurz Coltan genannt, aus dem Tantal gewonnen wird. Ohne dieses Metall würde keines unserer Hightech-Produkte wie Handy, Laptop, Playstation, MP3-Player und elektronischer Kfz-Schnickschnack funktionieren.

Die Republik Kongo ist ein vom Bürgerkrieg ausgezehrtes Land, dessen Coltanminen zunehmend von chinesischen, russischen und europäischen Minenkonzernen ausgebeutet und noch immer von verfeindeten Milizgruppen kontrolliert werden. Und sie ist Heimat seltener Menschenaffenarten: der als besonders friedlich und familiär geltenden Berg- und Flachlandgorillas ...

Der aktuelle Coltanboom, die ungebremste Nachfrage nach immer kleineren, immer praktischeren, immer aufwendigeren Elektronikprodukten bei gleichzeitig schrumpfendem Coltanvorkommen beschert den Minenkonzernen der Industrienationen ein Bombengeschäft – und den Gorillas einen fast aussichtslosen Kampf ums Überleben.

Denn die Rohstofflieferanten rücken mit ihren Bulldozern bis in die letzten Rückzugsgebiete der Primaten vor, um neue Coltanfundstätten zu erschließen und Arbeitercamps zu errichten: Regenwald wird quadratkilometerweise abgeholzt; und

Tausende Minenarbeiter wollen mit frischem Fleisch versorgt sein. Die gut ausgerüsteten Wilderer, die sich darum kümmern, den Markt zu bestücken, bevorzugen Gorillas, da diese wegen ihrer Größe besonders leicht zu schießen sind. Entsprechend oft steht Gorillafleisch, das »Bushmeat« genannt wird, auf der Speisekarte. Doch seit der Weg in den Regenwald geebnet ist – nicht zuletzt dank der vielfach mit europäischen Entwicklungshilfegeldern gebauten neuen »Regenwaldhighways« –, wächst auch in den Großstädten wieder der Appetit auf »Bushmeat«.

»Wir müssen alles tun, um diese wundervollen Tiere vor dem Aussterben zu retten«, appelliert die renommierte Gorillafor-

Auszug aus dem Interview mit Jochen Flasbarth, Präsident des Umweltbundesamtes

Jochen Flasbarth

Das Umweltbundesamt hat schon vor ein paar Jahren das Umweltzeichen ›Blauer Engel‹ für ressourcenschonende, strahlungsarme Handys kreiert. Dafür sind Kriterien definiert, und es gibt auch Handys zu kaufen, die diese Kriterien erfüllen würden, aber kein einziges Unternehmen ist Zeichennehmer für den Blauen Engel für Handys. Wenn man den Leuten nämlich sagt, dass ein strahlungsarmes Handy an dem Blauen Engel zu erkennen ist, dann schließt sich daran die logische Frage aller Verbraucher an, was denn eigentlich mit all den anderen Handys ist? Diesbezüglich gibt es offenbar eine kartellartige Absprache, so etwas dann einfach zu ignorieren.

Hannes Jaenicke

Jeder Lebensmittelhersteller muss auf seine Produkte unzählige Lebensmittelzusätze schreiben und alles, was in jedem Bissen Nahrung steckt. Warum steht die Strahlungsstärke nicht ganz groß auf der Handypackung? Warum gibt es dafür kein Gesetz?

scherin Angelique Todd, sonst würden in 20 Jahren über 90 Prozent der heutigen Gorillapopulation weltweit verschwunden sein. Schon jetzt leben auf der Erde laut World Wide Fund for Nature (WWF) nur noch höchstens 5000 Individuen des Flachlandgorillas (vor 15 Jahren waren es noch mehr als dreimal so viele) und lediglich knapp 740 (!) Berggorillas.

Jochen Flasbarth

Wir müssen Hersteller und Handel jedenfalls mehr in die Pflicht nehmen. Ich habe mich mit einem alten Weggefährten aus der gemeinsamen NABU-Arbeit darüber unterhalten. Der frühere Geschäftsführer des NABU, Gerd Billen, heutiger Präsident der Verbraucherzentralen in Deutschland, glaubt, dass die Verbraucher auch irgendwann genervt sind, wenn sie zu jedem Produkt einen Beipackzettel studieren müssen. Den Verbraucherinnen und Verbrauchern wird aufgebürdet, sich durch diese ganzen Informationen zu arbeiten. Warum setzen wir das nicht einfach schon als Benchmark für die Produktion fest? Warum laden wir die Verantwortung beim Verbraucher allein ab und legen nicht bestimmte Standards fest, die umgesetzt werden müssen? Da sind wir wieder beim guten alten Ordnungsrecht, das häufig besser ist als es gelegentlich dargestellt wird.

Damit zählt der Berggorilla zu den am stärksten bedrohten Affenarten weltweit. Mittlerweile glaubt zwar niemand mehr an die »King Kong«-Mär vom monsterähnlichen Gorilla, und die Menschenaffenpopulationen stehen offiziell unter strengem Schutz, dennoch ist der Mensch nach wie vor der größte Feind des Gorillas.

In der Demokratischen Republik Kongo, wo Hunderttausende Bürgerkriegsflüchtlinge rund um die Wälder des Virunga Nationalparks siedeln, werden Opfer unfreiwillig zu Tätern: Der Bedarf an Holzkohle zum Heizen und Kochen ist so riesig, dass im Nationalpark illegal und massenhaft Bäume geschlagen werden; vor allem alte und hochgewachsene eignen sich gut für die Holzkohlegewinnung. Dieser extreme Raubbau gilt inzwischen als die größte Bedrohung für Gorillas, die sich immer wieder neuen Lebensraum suchen müssen: ein gewaltiger Stress, besonders für Gorillafamilien mit Nachwuchs.

Aber den Gorillababys droht auch von anderer Seite Gefahr: Tierhändler haben hier einen offenbar lukrativen Markt entdeckt. Was für die Asiaten die Orang-Utans, sind in den arabischen Ländern die Gorillas. Die Käufer sind meist wohlhabende Privatpersonen, aber auch Zoos und Vergnügungsparks. Etwa 20 000 US-Dollar bringt ein Primatenkind für Wilderer ein – ein gigantisches Zubrot.

Fest steht auch, dass kein Gorillababy gefangen werden kann, ohne dafür mehrere ausgewachsene Gorillas zu töten. Denn eine Gorillamutter und ihr Clan würden niemals ihr Junges hergeben. Also töten die Wilderer oft ganze Familien, um an ihre gewinnbringende Beute zu kommen. Auf ein gestohlenes Gorillakind kommen somit durchschnittlich 16 tote Artgenossen!

Lebensraumzerstörung, Wilderei, Tiermafia und – als wäre das nicht genug – tödliche Krankheiten als direkte Folge von Menschennähe, Urwaldrodung und »Bushmeat«-Verzehr ... Haben die letzten Gorillas angesichts solcher Bedrohungen überhaupt noch eine Chance? Ja – wenn wir nicht mehr wegschauen!

Sofortmaßnahmen

I. Soll der Gorilla außerhalb von Zoos überleben, müssen wir dafür sorgen, dass seine verbliebenen Rückzugsgebiete bestmöglich geschützt werden. Eine wesentliche Rolle spielt dabei verantwortungsvoll betriebene Waldbewirtschaftung, die sicheren Lebensraum im Kongobecken ausweist und Wilderei bekämpft. Wer in Europa Produkte aus afrikanischen Tropenhölzern wie Doussie, Wengé und Zebrano kauft, sollte daher unbedingt auf das weltweit geltende FSC-(Forest Stewardship Council-)Siegel achten. Zwar gibt es mittlerweile auch zahlreiche regionale *»Ökolabels«*, doch deren Glaubwürdigkeit ist stark umstritten, da sie von Regierungen ausgestellt werden, die keine unabhängige Kontrolle der tatsächlichen Umweltverträglichkeit zulassen. Einige Umweltorganisationen kritisieren allerdings auch schon den FSC, er habe das Zertifikat für Holzplantagen herausgegeben, die keineswegs dem FSC-Standard genügen. Daher ist der Kauf einheimischer Hölzer die einzig zuverlässige Methode, den Regenwald und den Gorilla zu schützen. Ärgerlicherweise ist Tropenholz oft preiswerter als qualitativ vergleichbare heimische Arten, weil die Bäume im Regenwald für einen Hungerlohn gefällt werden. In dem Preis für einheimisches Holz sind die Kosten für die Pflege der Wälder und die Verwaltung enthalten. Aber das sollte uns unsere Erde und der Schutz der Gorillas wert sein, oder? Und wer auf Nummer sicher gehen will, achtet auf das *»Naturland-Siegel«*. Es garantiert eine streng ökologische Waldnutzung innerhalb Deutschlands und Umweltverträglichkeit bei der Verarbeitung.

II. Keine Frage: Trotz der bereits zerstörten Naturschätze ist es noch immer ein atemberaubendes Erlebnis, in den Dschungel Zentralafrikas zu reisen. Doch als Touristen haben wir auch eine besondere Verantwortung. Der sogenannte Ökotourismus hat sich zwar zu einer der wichtigsten Einnahmequellen der afrikanischen Nationalparks entwickelt – Geld, das unter anderem dem Schutz der Gorillas zugutekommt –, aber auch hier gilt: Frei lebende Gorillas verdienen unseren Respekt und müssen vor uns geschützt werden. Daher dürfen nur Gruppen von höchstens acht Touristen nicht länger als eine Stunde mit Mundschutz in der Nähe von Gorillas sein – bei einem Mindestabstand von sieben Metern, denn schon ein Besucher mit einer Erkältung kann eine ganze Gorillafamilie infizieren und damit töten.

III. Wer sich immer wieder ein nagelneues Handy anschafft oder sich dank Handyvertrag automatisch alle zwei Jahre das neueste Modell zuschicken lässt, kurbelt das Coltangeschäft aktiv an und schadet damit den Gorillas. Über einhundert Millionen Handys sind in Deutschland im Einsatz und noch mal die Hälfte mehr liegt bereits als Elektroschrott in unseren Schubladen. Wer also zum Schutz der Gorillas beitragen will, begnügt sich mit dem funktionstüchtigen Handymodell von gestern – spätestens übermorgen ist es Kult – oder kauft sich ein gebrauchtes. Nicht (mehr) genutzte Mobiltelefone können recycelt werden – auch Mobilfunkanbieter kaufen mittlerweile alte Handys an. Funktionsfähige Geräte und nicht defekte Bauteile werden weiterverwendet, defekte Bauteile umweltbewusst entsorgt bzw. recycelt. Das Gleiche gilt natürlich auch für Laptops, Playstations, MP3-Player ...

Weiterführende Links:

- www.gorilla.cd/blog
- www.gorillaapp.com
- www.duh.de/uploads/media/DUH-Flyer_Handy-Recycling_klein.pdf
- www.duh.de/394.html
- www.delphinschutz.org/aktivfuerdelfine/grd-sammelaktionen.html#handys
- www.hannesjaenicke.zdf.de

Das Image vom bösen Wolf: »Aber Großmutter, was hast du für ein entsetzlich großes Maul!« »Dass ich dich besser fressen kann!« Kaum hatte der Wolf das gesagt, so tat er einen Satz aus dem Bette und verschlang das arme Rotkäppchen.[5]

Willkommen Wolf

Nun ging der Bösewicht zum dritten Mal zu der Haustüre, klopfte an und sprach: »Macht mir auf, Kinder, euer liebes Mütterchen ist heimgekommen und hat jedem von euch etwas aus dem Walde mitgebracht.« Die Geißerchen riefen: »Zeig uns zuerst deine Pfote, damit wir wissen, dass du unser liebes Mütterchen bist.«

Da legte er die Pfote ins Fenster, und als sie sahen, dass sie weiß war, so glaubten sie, es wäre alles wahr, was er sagte, und machten die Türe auf. Wer aber hereinkam, das war der Wolf. Sie erschraken und wollten sich verstecken [...] Aber der Wolf fand sie alle und machte nicht lange Federlesen: Eins nach dem andern schluckte er in seinen Rachen [...][6]

Brüder Grimm, Hausmärchen

Ein Sprichwort der nordkanadischen Shoshonen im Yukon lautet: »Der Mensch sollte sein Sozialverhalten vom Wolf und sein Ernährungsverhalten vom Bär lernen.«

Bis vor gut einhundert Jahren konnten auch wir Menschen in Deutschland dieser Weisheit folgen. Dann jedoch wurde der Wolf fast ganz ausgerottet. Als erkannt wurde, welch wichtige Rolle er in unserem Ökosystem spielt, wurde er wieder geschützt, und es wurde alles versucht, ihm hier in Deutschland wieder Lebensraum anzubieten.

In unseren Breitengraden wurde der Wolf seit dem Mittelalter als gerissener Bösewicht dämonisiert. »Der böse Wolf« galt als verschlagen und blutrünstig. Doch das war längst nicht immer so. Viele Urvölker, die von der Jagd lebten, schätzten sein Geschick und bewunderten seine Jagdtechniken und -strategien. Von dieser Verehrung ist heute nicht mehr viel zu spüren. Im Gegenteil.

Da der Wolf in Deutschland über hundert Jahre ausgerottet war, ist er uns fremd geworden. Wildschweine, Füchse ... An die haben sich die Menschen schon wieder gewöhnt. Doch der Gedanke, dass uns beim Pilze- oder Beerensammeln in Sachsen, Brandenburg oder Hessen ein Wolf beobachten könnte, ist vielen Menschen unheimlich.

> *»Der Mensch sollte sein Sozialverhalten vom Wolf und sein Ernährungsverhalten vom Bär lernen.«*

Sein Ruf als gefährlicher Räuber macht es dem Wolf – vor allem in Westeuropa – schwer, einen sicheren Platz als selbstverständlicher Nachbar der Menschen zu finden, obwohl der Wolf mit äußerster Vorsicht auf den Menschen reagiert und mittler-

Wölfe in Deutschland, Polen und in der Schweiz

weile unter strengem Schutz steht: Wölfe dürfen nicht gefangen, nicht verletzt und nicht getötet werden.*

Zugegeben, auch ich musste mich zunächst gegen mein spontanes Schubladendenken in Sachen Wolf wehren. »Hüte dich vorm bösen Wolf!« Das steckte tiefer, als ich gedacht hätte. Aber genaues Hinsehen hat mir die Augen geöffnet: Nicht der Wolf ist die Bedrohung, sondern der Mensch.

Nicht der Wolf ist die Bedrohung, sondern der Mensch.

Und das weiß er genau. Deshalb fühlt er sich heute am wohlsten in menschenarmen Gebieten. Aber davon gibt es in Westeuropa kaum noch welche. Moderne Wohnsiedlungen, Industrieanlagen, Freizeitparks, Autobahnen und Schienen zerschneiden die Landschaft. Umso wichtiger ist es, dass geschützte Rückzugsgebiete für Tiere wie den Wolf ausgewiesen werden. Denn der Wolf ist ein wichtiger Bestandteil der Natur – auch wenn wir uns an diesen Gedanken erst wieder gewöhnen müssen und mancher Jäger ihn nach wie vor als Konkurrenten sieht statt als Kollegen. Denn immerhin hat sich seit der Ausrottung großer Beutegreifer wie Bär, Luchs und Wolf ein ökologisches Ungleichgewicht entwickelt, das zu einem viel zu hohen Wildtierbestand geführt hat. Der Schaden durch sogenanntes Schalenwild (u. a. Hirsch, Reh, Wildschwein) wird auf 1 Milliarde Euro jährlich (!) geschätzt.

Dagegen kann auch verstärkte Bejagung durch menschliche Jäger kaum etwas ausrichten, denn bei einer *natürlichen* Regulierung spielen viele Faktoren eine Rolle. Faktoren, die der mensch-

* Einzige Ausnahme bildet hier Schweden, wo der Wolfsschutz im Januar 2010 außer Kraft gesetzt wurde. Dort dürfen Wölfe nun wieder gejagt und getötet werden.

liche Jäger im Gegensatz zum Wolf nicht alle gleichzeitig im Blick haben kann: Fressfeinde, Krankheiten, Klima etc. Da der Wolf »leichte Beute« bevorzugt, also alte, kranke und schwächliche Tiere, betreibt er natürliche Selektion. Und davon profitiert auch der verbleibende Bestand samt seinen Nachkommen. Der jagende Mensch hingegen erlegt viel lieber besonders gut gewachsene, starke Tiere, die als Trophäen etwas hermachen. Insofern kommen sich Mensch und Wolf eigentlich nicht in die Quere ... Sollten sie sich dennoch mal über den Weg laufen, kann der Wolf nur hoffen, dass er von seinem bewaffneten Gegenüber nicht für einen wildernden Hund gehalten wird, dessen Tötung der Jagdschutz verlangt. Denn leider kommt es immer wieder zu dieser tödlichen Verwechslung ...

Der Wolf kommt wieder.

Aber es gibt auch positive Nachrichten: Der Wolf kommt wieder. Und jeder neue Nachbar, ob nun Lieschen Müller oder der Wolf, verlangt Respekt und ein gewisses Maß an Anpassung, um ein konfliktfreies Zusammenleben zu ermöglichen. Dass der Wolf zu den anpassungsfähigsten Säugetieren gehört, hat er über Jahrtausende bewiesen. Ihm ist es möglich, unter verschiedensten Umweltbedingungen zu leben – und sein Überleben auch bei wandelnden Verhältnissen zu sichern, indem er »dazulernt«: Hatte der Wolf ursprünglich Vertrauen zu den Menschen, die ihn als großen Jäger würdigten – und leben ließen –, so stellte er sich aus Selbstschutz um, als er ihre Feindschaft zu spüren bekam. Mit zunehmender Nähe zwischen Wolf und Mensch wird sich das nun vermutlich wieder ändern, sofern wir Menschen ihn als wildes Tier mit natürlichem Jagdtrieb respektieren. Daher sollten wir auch unbedingt das Sprichwort »Gelegenheit macht Diebe« ernst nehmen.

Denn anders als der domestizierte Wolf, unser Haushund, unterscheidet der frei lebende Wolf nicht zwischen »erlaubten« Wildschweinen und ungenügend geschützten Schafen, weshalb verantwortungsvolle Nutztierhalter für geeignete Schutzmaßnahmen, zum Beispiel Nachtpferche oder Elektrozäune, sorgen (Herdenschutzmaßnahmen). Der Wolf als »Urversion« des Hundes ist nicht gezähmt, und das macht uns Angst. Denn nur, was wir gezähmt haben, bedroht uns nicht. Doch ein respektvoller Umgang mit Wildtier und Mensch ist möglich – wenn sich beide Seiten an bestimmte »Umgangsformen« halten.

Alles, was wir gezähmt haben, bedroht uns nicht.

In ausgewiesenen Wolfsterritorien erhalten Nutztierhalter von offizieller Seite beratende und finanzielle Unterstützung. Präventionsmaßnahmen, die der Mensch ergreift, schützen aber nicht nur seine Schafe oder Ziegen, sondern auch den Wolf, denn jede Provokation und jede Verlockung weniger bedeuten für ihn eine Chance mehr, seinen sicheren Platz als ebenso selbstverständlicher wie unabhängiger Nachbar des Menschen zu finden …

Sofortmaßnahmen

I. Informieren Sie sich! Lassen Sie sich von dem zurückgekehrten »König der Wälder« faszinieren. Hier zum Beispiel zwei Dokumentarfilme, empfohlen von der Gesellschaft zum Schutz der Wölfe e.V. (www.gzsdw.de): »Wolves IMAX« sowie »Wölfe in der Lausitz« von Sebastian Körner.
Und wenn Sie Ihren Kindern das Grimm'sche Märchen von Rotkäppchen vorlesen, erklären Sie ihnen auch gleich, dass der Wolf in Wirklichkeit keine Bestie ist, sondern ein wertvolles Tier, das unseren Respekt verdient – und am nächsten Abend lesen Sie ihnen dann »Rothütchen« vor: ein witzig-weises Kindermärchen, in dem die kleine Protagonistin mit dem Klischee vom »bösen Wolf« nichts am »Hütchen« hat ...
Auch bei Romulus und Remus oder im Dschungelbuch finden sich positive Bilder vom Wolf.

II. Die Wahrscheinlichkeit, einem Wolf in freier Wildbahn zu begegnen, ist noch nicht besonders groß, denn gesunde Wölfe ziehen sich zurück, sobald sie einen Menschen wittern. Sollten Sie bei einem Querfeldeinspaziergang aber doch mal einem Wolf gegenüberstehen, halten Sie respektvollen Abstand, und genießen Sie dieses einzigartige Naturerlebnis in aller Ruhe. Der Wolf wird sich dann schon zurückziehen ...
Und wenn Sie wieder zu Hause sind, melden Sie Ihre Beobachtung bitte einer offiziellen Institution (z. B. http://www.wolfsregion-lausitz.de/wolfshinweise-melden/sichtbeobachtung), um die konstruktive Nachbarschaft von Mensch und Wolf zu unterstützen.

III. Als Überlebenskünstler nutzt der Wolf sich bietende Ressourcen. Daher sollten Camper und Picknickfans unbedingt dafür sorgen, dass kein Abfall zurückbleibt. Und vor allem Menschen, die in der Nähe von Wolfsterritorien wohnen, sind gut beraten, ihren Abfall immer ordnungsgemäß zu entsorgen. Andernfalls könnten Wölfe aus dieser indirekten Fütterung den zwar natürlichen, aber gefährlichen Schluss ziehen (Habituation), dass Menschen eine unkomplizierte Nahrungsquelle darstellen.

Weiterführende Links:

- www.gzsdw.de
  Gesellschaft zum Schutz der Wölfe e.V.
- www.wolves.de
  Deutsche Wolfsgemeinschaft e.V.
- www.nabu.de/aktionenundprojekte/wolf/
  NABU-Aktion »Willkommen Wolf«
- www.hannesjaenicke.zdf.de

Genetisch gesehen
sind sich Mensch
und Orang-Utan
nicht nur ähnlich,
sondern nahezu
gleich.

Im Einsatz für unsere nächsten Verwandten: die Orang-Utans

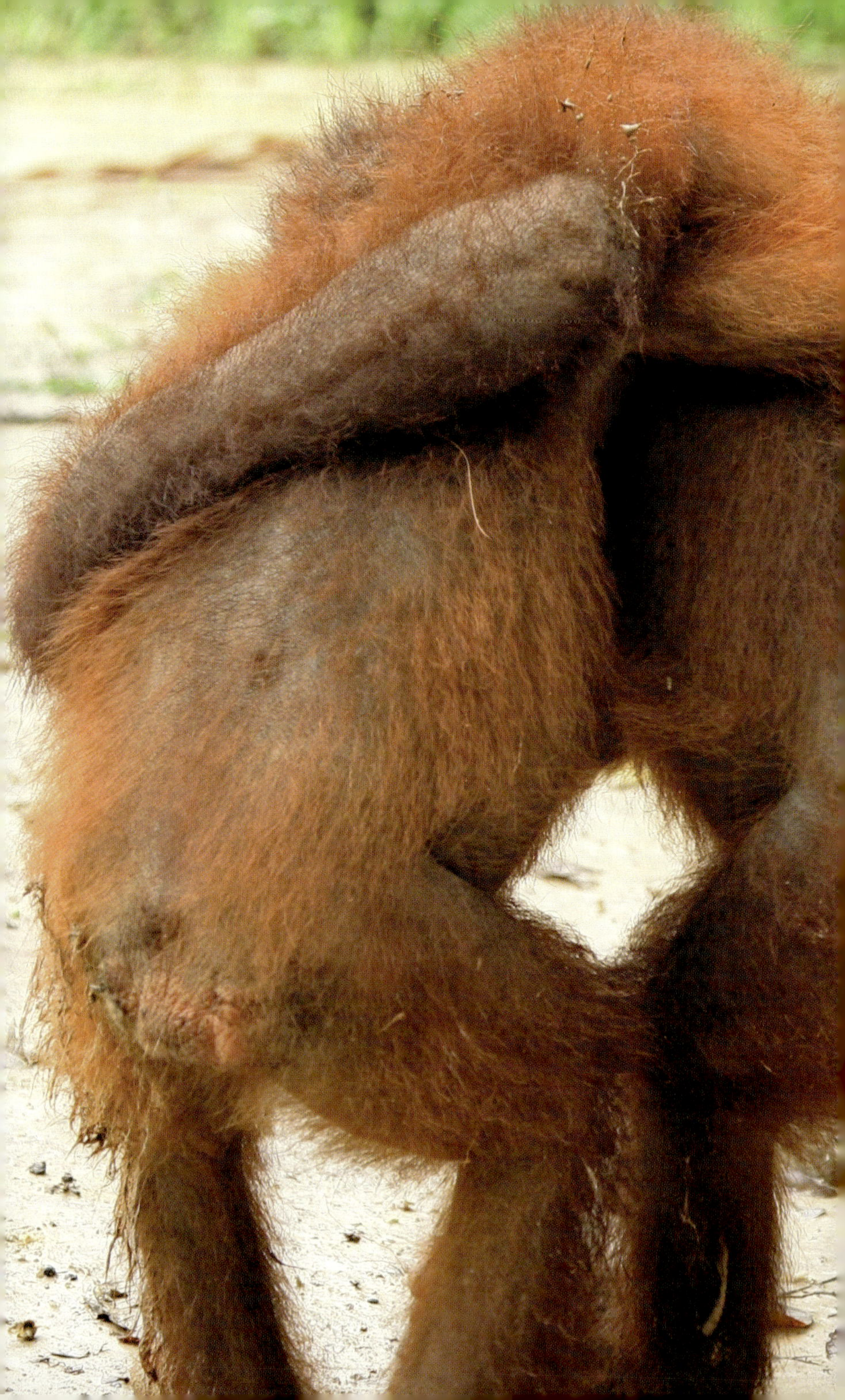

Vor knapp 15 Millionen Jahren saßen wir noch gemeinsam auf den Bäumen. Menschenaffen pflegen das Familienleben, trösten sich gegenseitig, adoptieren Waise und betrauern Tote – oftmals sehr viel selbstverständlicher und menschlicher als wir heutzutage. Orang-Utans sind sozial, intelligent und erfinderisch.

Doch diese Ähnlichkeit schützt sie nicht vor ihren nächsten Verwandten – uns Menschen. Wir jagen, quälen und foltern sie. Wir rotten sie aus. Wenn nicht bald etwas geschieht, wird es schon 2015 in freier Wildbahn keine Orang-Utans mehr auf unserem Planeten geben.

Wir kennen sie, die Bilder von dem verschmusten »Menschen des Waldes«, hübsch fotografiert im warmen Abendlicht. Mit keinem anderen Tier wird so viel Spendenakquise betrieben.

Aber die Realität …

… sieht oft grausam anders aus.

November 2003. Der Fall der »Thailand Orang-Utans« erregt internationales Aufsehen. Im Bangkoker Vergnügungspark Safari World werden über 100 Orang-Utans konfisziert, die dort illegal gehalten und als Kickboxer missbraucht werden.

Im September 2006 besuchten wir mit versteckter Kamera noch einmal diesen Unterhaltungspark am Rande von Bangkok. Wo ursprünglich die Orang-Utan-Shows gezeigt wurden, prangt jetzt ein Schild »Orang-Utan show is temporarily closed«. Auf Nachfragen werden die Angestellten nervös. Mit Nachdruck werden wir vom Sicherheitspersonal aus dem Areal gewiesen.

Heimlich versuchen wir in der Mittagspause erneut, hinter die Kulissen der Showbühne zu gelangen. Und tatsächlich: Zusammengepfercht in winzigen Käfigen warten rund 50 neue Orang-Utans auf ihr Schicksal als »Unterhaltungsstars«, die sich vor begeistertem Publikum gegenseitig brutal zusammenschlagen müssen.

Die Box-Show hat 2010 wieder »offiziell« angefangen.

In was für einer Welt leben wir?

Neben Sumatra ist Borneo der letzte Ort auf der Erde, wo Orang-Utans in freier Wildbahn leben. Noch. Denn jährlich werden in Indonesien mehr als zwei Millionen Hektar Wald vernichtet – für den Tropenholzexport, für Sojaanbau, für Palmölplantagen. Das sind fünf Fußballfelder pro Minute, rund um die Uhr, Tag für Tag ... Wie sollen die Orang-Utans da überleben?

Wer eine ganze Tierart retten will, braucht Geld, Mut und eine große Vision. Dr. Willie Smits[7] hat diese Vision und mittlerweile großzügige Unterstützer – auch für sein neuestes Projekt: ein 2000 Hektar großes Stück Land, kaputtgewirtschaftet von der Holzindustrie, das er zusammengekauft und in nur wenigen Jahren wiederaufgeforstet hat.

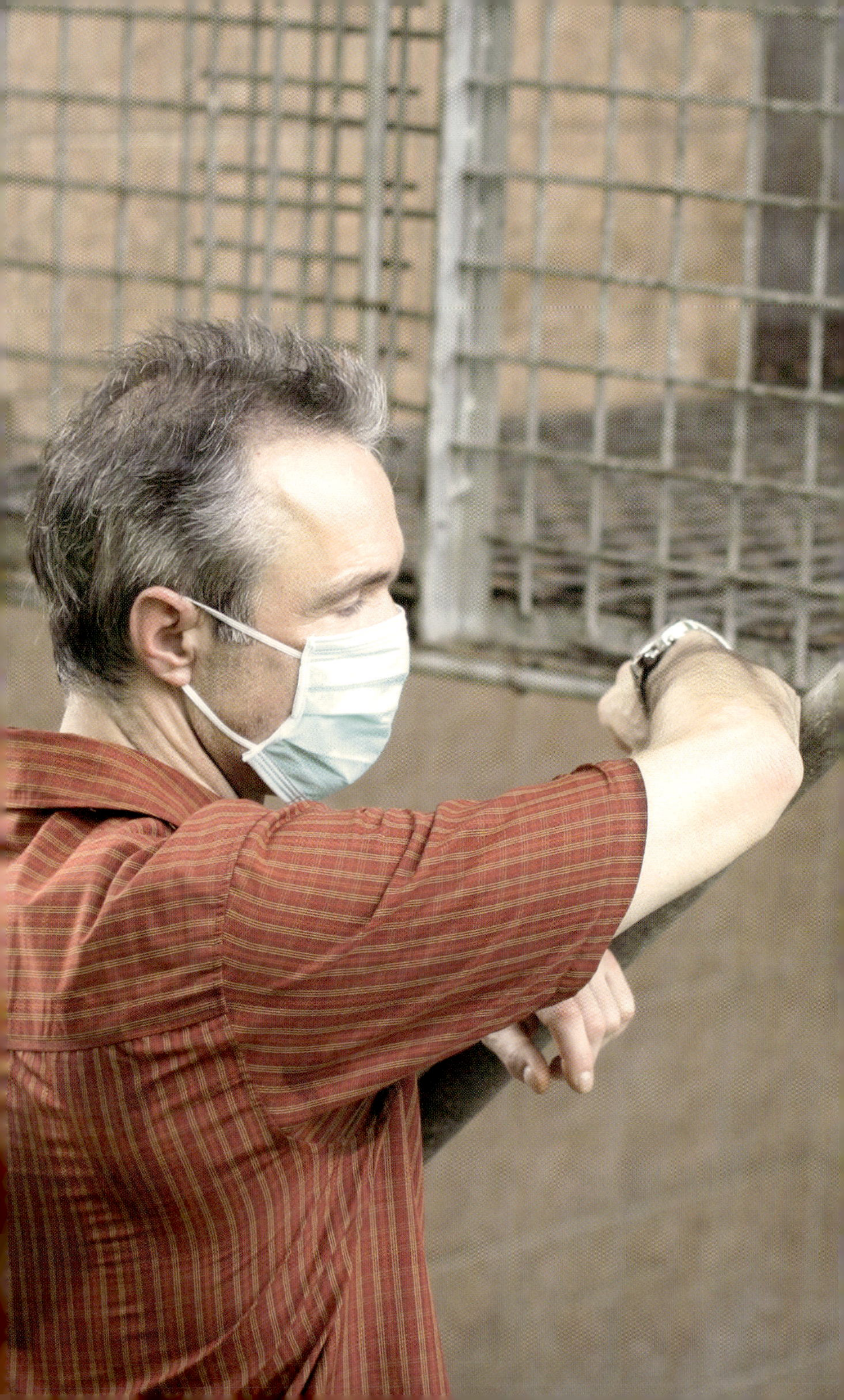

Ein ökologisches Meisterwerk – und vor allem ein privates Schutzgebiet für Orang-Utans, ein Auffanglager für Tiere, die anderswo der sichere Tod erwartet hätte. Über 400 Orang-Utans leben hier in einem von Menschen geschaffenen Areal, weil ihre natürliche Heimat, der Regenwald, von anderen Menschen immer weiter zerstört wird. Fast täglich müssen Willie Smits und seine Mitarbeiter ein weiteres Tier vor dem Tod oder aus Gefangenschaft retten.

So auch Bali, ein Orang-Utan-Baby: Balis Mutter wurde von einem Holzfäller vom Baum geschossen. Etwa die Hälfte der Orang-Utan-Babys überlebt einen solchen Sturz. Ein Teil von ihnen stirbt später wegen des Traumas, am Stress oder an Krankheiten. Denn stirbt ihre Mutter – ihre Ernährerin, Lehrerin und geliebte Beschützerin –, stirbt ihre heile Welt. Der kleine Bali wurde aus dem blutigen Pelz seiner Mutter gerissen, um anschließend den Kindern des Holzfällers als Puppenersatz zu dienen. Eingesperrt in einer kleinen Holzkiste. Bis vor zwei Stunden hätte Bali, der von Parasiten übersät ist, kaum Chancen gehabt, die nächsten Wochen zu überleben.

Viele Holzfäller bessern ihr mickriges Gehalt auf, indem sie Jagd auf Orang-Utans machen. Die Plantagenbesitzer zahlen umgerechnet 12 Euro für eine rechte Affenhand, denn ihnen sind die Tiere ein Dorn im Auge: Da die Orang-Utans nicht mehr genügend fruchttragende Bäume in ihrem Lebensraum vorfinden, sind sie gezwungen, in den Palmölplantagen auf Nahrungssuche zu gehen.

Sobald ein völlig verängstigter Orang-Utan aus den Fängen von bestenfalls gedanken- und verantwortungslosen Menschen, meist aber von skrupellosen Kriminellen befreit ist, wird er in einer der mittlerweile fünf Rettungsstationen für Orang-Utans medizinisch versorgt und so lange gepflegt, bis er in der Lage ist, im Dschungel zu überleben.

Drehtagebuch: 16. März 2008

Kalimantan

Wir erreichen Samboja Lestari, nach Wanariset und Nyaru Menteng bereits die dritte von fünf Orang-Utan-Rettungsstationen, die Willie Smits in Kalimantan gegründet hat. Über 1000 Orang-Utans werden in den Einrichtungen betreut. Und täglich werden es mehr.

In der Tierklinik wird Bali untersucht. Jeder Orang-Utan, der in einem von Willie Smits' Zentren eintrifft, wird auf etwa fünf Dutzend verschiedene Krankheiten überprüft. Tuberkulose und Hepatitis sind weitverbreitet – und ansteckend. Unser Mundschutz dient dabei ausschließlich dem Schutz der Tiere. Auch wir mussten ein medizinisches Gutachten mitbringen, um hier drehen zu dürfen. Orang-Utans sind extrem anfällig für alle menschlichen Krankheiten. Für ein Baby in einem so labilen Zustand wie Bali kann schon ein leichter Schnupfen tödliche Folgen haben.

Medizinisch kann Bali geholfen werden. Es bestehen gute Chancen, dass er klinisch wieder vollkommen gesund wird. Doch seine Seele wird noch auf Jahre leiden. Die nächsten 33 Tage wird er in der Quarantänestation verbringen.

Orang-Utan-Babys wie Bali, die ihre Mutter haben sterben sehen, brauchen eine ganz besondere Fürsorge: eine Ersatzmutter. Denn die Verbindung zwischen einem Orang-Utan-Baby und seiner Mutter ist inniger als bei jedem anderen Lebewesen auf diesem Planeten.

Im ersten Lebensjahr hat das Neugeborene ununterbrochen Körperkontakt, drei Jahre lang wird es getragen, bis zu fünf Jahre lang gestillt. Die Helferinnen in der »Baby-Schule« geben ihr Bestes, um diese einmalige Beziehung zu vertreten: Schmuseeinheiten, Windeln wechseln, Fläschchen geben, trösten, spielen.

Im »Kindergarten« trainieren die Äffchen dann klettern, schaukeln, hangeln.

Sie lernen, welche Früchte man essen kann, wie man an den Inhalt herankommt und wie man sich in der Gruppe behauptet, bis die Orang-Utans dieses Grundwissen schließlich im sogenannten Half-way-House für ein Leben im Regenwald vertiefen: Sie müssen zum Beispiel ein Nest bauen können, mindestens 100 verschiedene Pflanzen unterscheiden, sich allein verpflegen und orientieren können, Freunde haben und perfekt klettern.

Beim anschließenden »Insel-Training« werden die Tiere zwar noch gefüttert, können sich aber ansonsten ungestört und selbstständig unter quasi natürlichen Bedingungen auf ihre endgültige Auswilderung vorbereiten.

Szenen voller Hoffnung, die optimistisch stimmen, wenn da nicht ...

… die »Insel der Unheilbaren« wäre.

Schlagartig wird klar, warum all das hier existiert: weil Menschen Orang-Utans Grausames antun. Auf der »Insel der Unheilbaren« leben Orang-Utans mit abgehackten Händen und Füßen, mit Verstümmelungen, chronischen Krankheiten und lebenslänglichen Schäden – wie die Affenfrau Polly, die aus einem Bordell befreit wurde, wo sie über Jahre hinweg als Prostituierte angeboten und seriell vergewaltigt worden war.

Polly ist bis heute traumatisiert, leidet an chronischem Herpes, wird nie wieder zurück in die Wildnis können.

Der Kampf um die Rettung der vom Aussterben bedrohten Orang-Utans ist ein Kampf gegen Macht- und Geldgier – und gegen Perversion.

Zugleich ist er ein Sinnbild für den Umgang des Menschen mit der Natur.

Drehtagebuch: 25. März 2008

Samboja Lestari

Wer retten will, braucht ökologisches Verantwortungsbewusstsein, Mut, Menschen- und Tierliebe. Willie Smits arbeitet weiter an der Verwirklichung seines Traumes: einen sicheren, unangreifbaren Zufluchtsort für Orang-Utans zu schaffen. Ein Anfang ist gemacht. Der Name ist Programm. Samboja Lestari heißt übersetzt »Samboja auf immer und ewig«.

Zwar ist das Halten von Orang-Utans in Indonesien seit 1924 verboten. Doch Gesetze gelten hier nicht für jene, die Einfluss und das nötige Kleingeld haben. Mein Haus, mein Auto, mein Affe. Neben Luxusvilla und Mercedes gehören zahme Orang-Utans als Statussymbol zur Grundausstattung perverser reicher Asiaten. Die Primaten werden mit Süßigkeiten und Cola gemästet, in Kleider gesteckt, zu Kettenrauchern und Alkoholikern erzogen. Die Folgen sind abartig: Die Tiere gehen aufrecht, sie können den Fernseher anstellen, kochen, Klavier spielen und sogar sprechen.

Jack Wolfskin

Aber auch der internationale Tierschmuggel boomt: Immer wieder finden die Händler illegale Mittel, poröse Grenzen und korrupte Helfershelfer, um ihre »Ware« in Vergnügungsparks, Privatzoos oder Zirkusmanegen unterzubringen. Der aktuelle Preis für ein Orang-Utan-Baby liegt bei 30 000 Euro. Und überall auf der Welt warten die Abnehmer ...

Für Willie Smits und seine Mannschaft ist jedes gerettete Tier, ob Orang-Utan, Bär oder Gibbon-Affe, ein wertvoller Etappensieg in diesem ungleichen Krieg zwischen Mensch und Tier – und eine weitere Mahnung an uns hinzuschauen. Vor allem, wenn es um unser vermeintliches Luxusleben geht ...

Ein letztes Mal werden die Orang-Utans nun in Käfige gesteckt und mit dem Helikopter in das Maswa-Gebiet geflogen, ein fast unberührter Sumpfwald in Zentral-Kalimantan. Das 500 000 Hektar große Areal ist eines der letzten, unangetasteten Urwaldgebiete Borneos, eines der letzten Rückzugsgebiete für Orang-Utans auf unserem Planeten.

Noch zögern die Tiere, als sich die Gitterstäbe öffnen. Ein letzter Blick zurück zu Willie, ein Augenblick, ein Lichtblick. Dann verschwinden die roten Affen im unendlichen Grün des Regenwaldes.

Vielleicht sind sie humaner als wir.

Vielleicht sterben sie aus, weil sie zu gut sind für diese Welt.

Vielleicht aber werden auch wir besser.

Auszug aus dem Interview mit Jochen Flasbarth, Präsident des Umweltbundesamtes

Hannes Jaenicke

Wir wissen, dass der Orang-Utan ausstirbt, weil der gesamte indonesische Tropen- und Regenwald weggesägt wird. Warum schafft es ein Land wie Deutschland nicht, ein Importverbot für Meranti, Bangkirai und Teak aus indonesischen Tieflandregenwäldern durchzusetzen? Wir haben doch auch Gesetze gegen Drogenhandel, die verbieten, Opium einzuführen. Warum dürfen wir aber Sachen einführen, die nachweisbar das Habitat und damit ganze Arten vernichten? Warum kann man das nicht per Gesetz stoppen?

Jochen Flasbarth

Man kann es per Gesetz stoppen, aber nur auf EU-Ebene. Deutschland allein kann das nicht.

Hannes Jaenicke

Warum?

Jochen Flasbarth

Als ich im Ministerium war, habe ich ein Gesetz für Jürgen Trittin vorbereitet, das sogenannte Urwaldschutzgesetz, das den Handel mit Tropenholz aus illegalem Bestand in Deutschland verbieten sollte. Es wäre ja das Einfachste, ein Importverbot für Produkte ohne Herkunfts- und Legalitätsnachweis auszusprechen. Nach EU-Gesetzgebung darf Deutschland im Binnenmarkt das jedoch nicht machen; wir haben ja gar keine Binnengrenzen mehr. Wie will man denn etwas in Deutschland als Einfuhr verbieten, was mögli-

cherweise an ganz anderen Stellen in die EU importiert werden kann? Die Entscheidungsgewalt auf EU-Ebene finde ich richtig. Da es damals keine Mehrheit für ein Importverbot auf der EU-Ebene gab, haben wir ein sehr komplexes Gesetz entworfen, das zwar den Import zulässt, aber den Besitz und Handel damit in Deutschland verbietet.

Hannes Jaenicke

Was ist denn verkehrt mit der EU-Kommission? Warum denkt die EU so anders als die dann doch so vorbildlichen Deutschen? Was Sie gesagt haben, bedeutet doch, dass der deutsche Gesetzesvorschlag ausgebremst wird, obwohl er vom Ansatz her richtig und gut ist für Europa. Dabei will die EU doch angeblich das Beste für ihre Bürger.

Jochen Flasbarth

Neben der damaligen Blockade aus Brüssel gab es natürlich auch Widerstände aus Deutschland in der gesamten Holzkette. Da sind wir keine Engel. Jürgen Trittin und Sigmar Gabriel, das weiß ich, hätten das Gesetz gerne auf den Weg gebracht, und wenn Norbert Röttgen die rechtlichen Möglichkeiten hätte, würde er dem auch zustimmen, weil es vernünftig ist. Aber es geht hier kein Weg an der EU vorbei. Es gibt in der EU Länder, die sehr viel stärker von Forst und Wald und damit auch von der Holzlobby geprägt sind als Deutschland. Für die skandinavischen Länder hat das Thema noch mal einen ganz anderen Stellenwert als für Deutschland. Und natürlich kommen von daher auch Widerstände.

Hannes Jaenicke

Aber weshalb interessieren die sich denn für den Import von indonesischem Tropenholz, anstatt ihre eigenen Wälder zu bewirtschaften?

Jochen Flasbarth

Das hat nicht ausschließlich etwas mit Rationalität zu tun, sondern auch mit traditionellen ›Lobbykräften‹, die sich von niemandem hineinreden lassen wollen und deshalb die Regelungen ablehnen. Es gibt aber inzwischen Fortschritte: Gerade sind in der EU jetzt doch Regelungen gegen den Import von illegal geschlagenem Holz verabschiedet worden.

Der Handel mit Tropenholz ist noch immer ein Milliardengeschäft. Sämtliche Auflagen eine reine Farce. Rund 80 Prozent des in Indonesien geschlagenen Holzes stammen aus illegalen Quellen. Korrupte Regierungsbeamte machen ungestraft Geschäfte mit der Holzmafia, Polizei und Militär verdienen kräftig mit. Ein offenes Geheimnis. Die Wertsteigerung auf den Exportmärkten ist enorm. Den Indonesiern bleibt ein Almosen, das Land verschleudert seinen Reichtum.

Und bei uns landen jahrhundertealte Baumriesen als Dübel, Fensterrahmen, Vorhangleisten, Besenstile, Billardstöcke und Klobrillen auf dem Markt. (Indonesien ist mit 23 Prozent Marktanteil eines der wichtigsten Herkunftsländer von Tropenholz in Deutschland.) Klobrillen aus Tropenholz ... Wer braucht das?

Klobrillen aus Tropenholz ... Wer braucht das?

Seit knapp zehn Jahren ist nun ein neuer Goldrausch im Gange. Palmöl. Die Ölpalme ist ein ökologischer Knüller: Keine andere Wirtschaftspflanze produziert so viel Öl je Hektar wie der schnellwüchsige, ca. 20 Meter hohe Baum, der bereits drei Jahre nach der Anpflanzung des Stecklings erste Ernten erlaubt. Palmöl steckt in Tausenden unserer Alltagsprodukte: Nutella, Labello, Kitkat, Margarine, Bratfett, Kosmetik, Wasch- und Putzmittel. Deutschland gehört zu den eifrigsten Palmölabnehmern aus Indonesien. Entsprechend breiten sich Palmölplantagen auf Borneo aus wie eine Seuche. Neuerdings macht das Öl auch als Energieträger Karriere. Palmöl wird in den meisten der rund 1400 deutschen Blockheizkraftwerke verfeuert und als »grüne« Energie etikettiert. Und schon bald soll mit Palmöl hergestellter Biodiesel die fossilen Kraftstoffe ersetzen (Agrartreibstoff). Doch die angeblich umweltfreundliche Rechnung geht nicht auf. Denn durch den Einsatz von Palmöl reduzieren wir keine Schadstoffe, wir erhöhen sie: Regenwaldökosysteme – die »grüne Lunge« der Welt – speichern anderthalbmal so viel Kohlenstoff, wie sich in der Atmosphäre befindet. Durch die rigorose Entwaldung kippen diese gewaltigen Kohlenstoffspeicher zu Kohlenstoffquellen – und das CO_2, das im Torfboden lagert, wird freigesetzt.

Drehtagebuch: 28. März 2008

Kalimantan

Meine ständige Reisebegleiterin ist eine gespenstische Kulisse: apokalyptischer Kahlschlag, brennender Regenwald, beißender Qualm in der Luft, verödetes Brachland, die Monotonie endloser Palmölplantagen, ausgetrocknete Flüsse, verarmte Landbevölkerung, Verelendung. Die ökologischen und sozialen Folgen der Regenwaldzerstörung sind unbestreitbar. Schätzungen gehen davon aus, dass 2011 sämtliche Tieflandregenwälder auf Borneo abgeholzt oder verbrannt sind. Das Verschwinden des Lebensraumes, des Wohnzimmers und Schlafgemachs, der Speisekammer und Apotheke der Orang-Utans bedeutet das endgültige Todesurteil für die roten Affen. Die Täter haben kein Gesicht mehr – doch sie sitzen überall ...

Schon jetzt ist die Zerstörung der tropischen Regenwälder für ein Fünftel der weltweiten Treibhausgas-Emissionen verantwortlich. Das ist mehr als alle Autos, Lastwagen und Flugzeuge dieser Welt ausstoßen. Der größte CO_2-Speicher der Welt ist der Wald. Er kann daher am einfachsten das Klima stabilisieren helfen. Orang-Utan-Schutz heißt also auch Klimaschutz – und ist damit eine kostbare Investition in die Zukunft der Menschheit. Denn angesichts der rasant wachsenden Weltbevölkerung – in 50 Jahren auf voraussichtlich fast 10 Milliarden Menschen (2010: knapp 7 Mrd.) – sind die Ressourcen der Tropenwälder von unschätzbarem Wert: als Nahrungsquelle, als Naturapotheke und als Klimastabilisator …

Borneos indigene Bevölkerung, die Dayaks, haben das längst begriffen. Sie wissen: Ohne den Regenwald haben sie keine Zukunft. Aber werden die Menschen weltweit begreifen, wie düster die Zukunft unserer Erde aussieht ohne den Orang-Utan, ohne den Regenwald und ohne sein funktionierendes Ökosystem?

Willie Smits sichert heute in Samboja den Lebensunterhalt von über 1000 Menschen, schafft viele neue Jobs, setzt auf Alternativerwerb mit Zuckerpalmen- und Rattananbau. Er hat Gesundheits- und Bildungsprogramme ins Leben gerufen, in den Schulen lernen die Kinder und Bauern ökologisches Grundwissen, lernen, wie wichtig Wälder und Orang-Utans für Menschen sind. Auch hier weist Samboja eine Erfolgsbilanz auf: Die Armut der lokalen Bevölkerung ist einem bescheidenen Wohlstand gewichen, Krankheiten und Verbrechen gehen merklich zurück.

Sofortmaßnahmen

I. Wer den unverantwortlichen Holzeinschlag in Indonesien stoppen und damit dem Orang-Utan den Hauch einer Überlebenschance geben will, macht einen riesigen Bogen um Produkte aus Tropenholz – ohne den geringsten Verlust an Lebensqualität. Finger weg von Tropenholz, vor allem von Teak, Meranti, Bangkirai. Für alle diese Hölzer gibt es einheimische Alternativen, die zudem die langen Transportwege sparen.

Auch wenn Holzprodukte aus sogenannter ›kontrollierter Nachzucht‹ stammen sollten, Finger weg davon! Kontrollierte Nachzucht gibt es nicht! Denn sogenannte Ökosiegel wie das FSC-Siegel (siehe Seite 38) dürfen keinesfalls als Entwarnung verstanden werden. Jede Gartenliege aus Teakholz – ob nun illegal oder mit (fragwürdigem) Zertifikat geschlagen und importiert – ist ein schmerzvoller und komplett unnötiger Eingriff in das überlebensnotwendige Ökosystem Regenwald. Ich persönlich möchte jedenfalls keinem Orang-Utan-Baby mehr den Baum wegnehmen, an dem es lernen kann, in die Freiheit zu klettern.

II. Unsere Kinder sind die erste Globalisierungsgeneration. Internet und Billigflüge ans Mittelmeer sind für sie ebenso selbstverständlich wie 43 Fernsehsender, iPod und Bluray-Discs ... Wenn unsere Kinder nicht nur lernen, verantwortungsvoll mit Internet & Co. umzugehen, sondern auch mit einem »natürlichen« Umweltbewusstsein und ökologischem Konsumverhalten aufwachsen, ist für die Zukunft der Erde schon viel gewonnen. Am besten lernen Kinder von Vorbildern zu Hause und in der Schule: Wer Recyclingpapier (z. B. Schulhefte, Schreibblock, Klopapier) benutzt, schützt auch den tropischen Regenwald.

III. Der dramatische Anstieg des weltweiten Palmöl(kern)verbrauchs ist zu einer der größten Bedrohungen für den indonesischen Regenwald und damit für den Orang-Utan geworden. Ob Kitkat, Fertigpizza, Grillsauce, Labello oder Waschmittel, überall tauchen Palmöl und Tenside auf. Warum dann nicht einfach auf diese Produkte verzichten und auf Alternativprodukte umschwenken? Aber selbst, wer das tut, wird an der Nase herumgeführt: Bei deklarierten Inhaltsstoffen wird die Identifizierung wohl nicht unabsichtlich erschwert, indem sich Palmöl häufig hinter der Bezeichnung »pflanzliches Öl« verbirgt. Da bleibt nur eins: Solange keine Deklarationspflicht für Palmöl besteht, sollten Sie sich bei Produkten, die Sie regelmäßig konsumieren, direkt beim Hersteller erkundigen, ob Palmöl verwendet wird. Übrigens ist Palmöl das minderwertigste aller Speiseöle.

Achtung: Die Lebensmittelindustrie verwendet Palmöl für 90 Prozent aller rein vegetarischen Gerichte.

Weiterführende Links:

- www.regenwaldschutz.de/austausch.shtml
  bzw. Tropenwaldstiftung OroVerde
- www.fansfornature.de
  Verein zur Arterhaltung der vom Aussterben bedrohten Orang-Utans
- www.wwf.de/themen/landwirtschaft/agrarrohstoffe-und-weltmaerkte/palmoel/produkte/
- http://weisse-liste-palmoel.de.to
  Liste mit Firmen und Marken, die kein Palmöl verwenden
- http://beta.greenaction.de/beitrag/palmoelprodukte-auch-bei-uns
- www.hannesjaenicke.zdf.de

Brennpunkt Meer

»Fisch ist ja so gesund« heißt es. Und: »Sushi macht schlank.« Wir denken immer erst an uns und zu spät an die Folgen.

Wir brauchen das Meer – und das Meer braucht uns

Über zwei Drittel der Erdoberfläche sind von Ozeanen bedeckt. Sie managen unser Klima, die Temperaturen, die Winde und die Regenfälle. Ein riesiger Lebensraum, von dem wir aber kaum etwas wissen. Für uns sind die dunklen Weiten der Weltmeere lediglich ein unerschöpflicher Selbstbedienungsladen und eine riesige Müllkippe. Jetzt aber ist der Laden leer und die Kippe voll. Die Ozeane stehen kurz vor dem Kollaps. Sie sind bis an ihre Leistungsgrenzen abgefischt. Offiziellen Schätzungen zufolge sind beliebte Fischarten wie Thunfisch, Heilbutt und Dorsch mittlerweile vom Aussterben bedrohte Raritäten, doch unser Bedarf steigt immer weiter – und damit auch der wirtschaftliche Anreiz für die Fischindustrie, ihre mächtige Lobby und die Raubfischerei. So werden wissenschaftlich empfohlene Fangquoten nicht gesetzlich festgezurrt, oder konkrete Regeln für Fischerei samt Kontrollen fehlen gleich ganz. Die rücksichtslose Profitgier, angefeuert von der ungebremsten Nachfrage nach »gesundem Fisch« weltweit, droht, den Lebensraum Meer zu verschlingen.

Und Tanker, Kreuzfahrtschiffe, Fähren tun ihr Übriges: Mit dem sogenannten Ballastwasser, das die Schiffe aufnehmen und oft Hunderte Kilometer weiter ungefiltert wieder abgeben, werden maritime Lebewesen in artfremde Gefilde verschleppt. Die »invasiven Arten« sind daher gezwungen, Nischen zu besetzen oder andere Arten zu verdrängen. Ökologische Gleichgewichte geraten auf diese Weise in eine gefährliche Schieflage – während die Urlauber an Deck ihren Aperitif beim Sonnenuntergang genießen ... Apropos Urlauber: Auch der Massentourismus macht dem Meer zu schaffen. Scharen von Sporttauchern dringen in die Welt der Meeresbewohner ein und trampeln auf den hochempfindlichen Korallenriffen herum, immer auf der Jagd nach dem besten Fotomotiv. Welchen Schaden sie dabei anrichten, ist den meisten nicht bewusst – oder wird bewusst ignoriert. »Immerhin zahlen wir ja dafür ...« Aber der Preis ist unendlich viel höher: Wo vor drei, vier Jahren noch intakte Korallenriffe waren, die Lebensgrundlage einer Vielzahl mariner Lebewesen, herrscht heute eine trostlose, verdreckte Unterwasserwüste.

Korallenriffe, die »Regenwälder der Meere«, sind aber nicht nur für das Ökosystem Meer von immenser Bedeutung, sondern auch für ganze Inselgruppen wie die Malediven. Denn die dem Land vorgelagerten Korallenriffe schützen vor Erosion und verhindern somit das Überfluten der Inseln. Ein unschätzbarer Wert. Aber wenn das schnelle Geld durch Hunderttausende Touristen lockt, hat die sensible Natur schlechte Karten. Hauptsache, die Oberfläche – weißer Strand und blaues Meer – entspricht dem Bild vom Urlaubsparadies. Wo die Tonnen von Müll und die Hektoliter Abwässer bleiben? Lieber nicht nachfragen, das könnte ja den wohlverdienten Erholungswert schmälern ...

Die rücksichtslose Profitgier droht, den Lebensraum Meer zu verschlingen.

Die Folgen werden wir mit tödlicher Sicherheit zu spüren bekommen. Denn indem marine ökologische Gleichgewichte bedenken- und skrupellos außer Kraft gesetzt werden, ob durch Überfischung, Luftverschmutzung, Wasserverschmutzung oder Vermüllung, gefährden wir auch unsere natürliche Klimaanlage: Im Meer werden 30 Prozent des weltweiten CO_2 gelöst und bis zu 70 Prozent unseres Sauerstoffs produziert.

Ein einzigartiges, hochsensibles System, das Jahrtausende funktionierte – bis der Mensch begann, es zu »verbrauchen« …

Seit 400 Millionen Jahren reguliert und stabilisiert der Hai, der König der Meere, den größten Lebensraum unseres Planeten. Er entfernt kranke, schwache und tote Tiere und erhält die ausgewogene Artenvielfalt in den Ozeanen. Und doch wird kein anderes Tier im Meer so gnadenlos gejagt wie der Hai.

Der Hai hat ein Image-Problem

In den vergangenen 20 Jahren ist der durchschnittliche Haifang pro Jahr auf 800 000 Tonnen gestiegen. Davon entfallen allein 100 000 Tonnen auf die europäische Fischereiflotte. Das heißt, jedes Mal wenn wir einatmen, stirbt eine Handvoll Haie, und wenn wir ausatmen, stirbt die gleiche Zahl noch einmal. Viele Haiarten sind mittlerweile vom Aussterben bedroht.

Problem Nummer eins des Hais: Sein Image als Bestie des Meeres. Die Medien lechzen förmlich nach der nächsten »Killerattacke vom Weißen Hai«-Schlagzeile. Tatsache ist aber, dass jedes Jahr weitaus mehr Menschen von herabfallenden Kokosnüssen erschlagen werden, als von Haien angegriffen, geschweige denn umgebracht.

Sein Problem Nummer zwei: Fast alles an ihm ist verwertbar. Von Haizähnen an Musikinstrumenten oder Halsketten bis hin zu kompletten Haifischgebissen – der Mythos des ewig Bösen ist ein Verkaufsschlager. Oder wie wär's mit Haiknorpel in Kapselform? Laut deutschem Internetanbieter ein Mittel gegen Gelenkbeschwerden:

> *»Haifischknorpel besteht zu mehr als 50 Prozent aus Protein und ist reich an Kalzium, ein wichtiger Mineralstoff für Knochen und Zähne. Haifischknorpel enthält u. a. viel Chondroitin Sulfat sowie Prolin, eine gerüstbildende Aminosäure. Diese Stoffe helfen Haien, die Knorpel der Gelenke in gutem Zustand zu erhalten und wirken lindernd bei entzündlichen Reaktionen im Körper. Der in diesem Produkt verwendete Haifischknorpel stammt zum Schutz der Bestände von Haifischen aus kontrolliertem Fischfang. Es wird nur sogenannter ›Beifang‹ [Das steht da wirklich so!] verwendet.«*[8]

Da könnte man genauso gut einen Hasen essen, um schneller laufen zu können ...

Doch ganz oben auf der Liste der menschlichen Begehrlichkeiten: Getrocknete Haiflossen. Ihretwegen müssen jährlich 100 Millionen Haie sterben. Es ist fast schon ein evolutionärer Witz, dass eine Suppe das mächtigste Beutetier des Meeres an den Rand der

Ausrottung treibt. Bei lebendigem Leib werden den Haien die Flossen abgeschnitten. Finning nennt sich diese bestialische Technik. Blutend und noch am Leben werden die Fische zurück ins Meer geworfen. Ohne Flossen ist der Hai völlig hilflos, sinkt ab und stirbt qualvoll auf dem Meeresgrund.

All diese Grausamkeiten passieren wegen einer Suppe. Die fragwürdige Delikatesse wird in beinahe jedem besseren China-Restaurant verkauft – für astronomische Preise von bis zu 100 Dollar pro Schüssel. Haiflossensuppe ist im asiatischen Raum eine Art Statussymbol. Sie zu servieren bedeutet Wohlstand und Wertschätzung seiner Gäste. Und potenzfördernd soll sie außerdem sein. Vielleicht steigt die Nachfrage auch deshalb ständig. Die Gewinnspanne im globalen Geschäft mit den Haiflossen hat jedenfalls enorme Ausmaße erreicht. Vom Fischer zum Endverkäufer liegt die Preissteigerung bei 1000 Prozent. Und je mehr Geld dahintersteckt, desto mafiöser die Geschäftsstrukturen.

Drehtagebuch: 28. Februar 2009

Drake's Bay, Costa Rica

Gegen 13 Uhr kehren das Team und ich zur »Phoenix« zurück und essen zu Mittag. Es herrscht Einigkeit darüber, dass die lokale Fischindustrie definitiv nicht das Problem ist. Wir fragen MarViva-Mitarbeiter Pepe, ob man eventuell auch große Fangschiffe kontrollieren könne, die Goliaths der weltweiten Fischvernichtung. Er hebt die Schultern. Gegen diese Industrie sind Regierung, Umweltschutzbehörde, MarViva machtlos. Die fischen auf hoher See, unantastbar für die Davids dieser Welt. Wir fragen, wer in costaricanischen Gewässern verantwortlich ist für die Unmengen von Haiflossen, die hier per Finning gewonnen und anschließend zum Suppenverzehr nach China verschifft werden. Pepe erklärt, es seien einige lokale Fischer, die mit den Flossen ihr mageres Einkommen aufbessern, aber auch illegal operierende Fischer und natürlich asiatische Crews, vor allem Taiwanesen, die vor Costa Rica, insbesondere um Cocos Island herum, auf illegalen Haifang gingen. Cocos Island liegt vier Tage weit entfernt, ist nicht bewohnt und kann nicht angeflogen werden. So viel Zeit haben wir nicht, hoffen also, vielleicht doch in der Nähe von Drake's Bay ein Finning-Boot aufzuspüren.

Nachmittags schippern wir mit den Beibooten der »Phoenix« wieder los, um Kontrollen der MarViva-Crew zu filmen. Immer dasselbe Bild: alte vergammelte Boote, wenig Fang, freundlicher Empfang. Hin und wieder ein kleiner Hai, ansonsten Red Snapper. Dazwischen kleine Freizeit- und Tauchboote, ein Kreuzfahrtschiff namens »Pacific Explorer«, eine gewaltige Luxusmotorjacht unter französischer Flagge (Le Levant), 70 Meter lang; irgendwie erwarteten wir, Nicolas Sarkozy mit einem seiner industriellen Freunde an Bord zu sehen. Oder Roman Abramovich. Oder James Bond. Aber die Besitzer lassen sich nicht blicken.

Die Spur führt nach Costa Rica. Das kleine Land in Mittelamerika gilt als einer der Hauptumschlagplätze im globalen Haiflossenhandel.

Der Kampf gegen die Haiflossenmafia findet in den Gewässern rund um Costa Rica statt. Es ist kein einfacher Kampf und kein ungefährlicher. Die Gewässer, in denen Nationalpark-Ranger und Meeresschützer der Organisation MarViva patrouillieren, sind offiziell als Rückzugsgebiete für Haie ausgewiesen. Das weiß auch die Haiflossenmafia: Im großen Stil wird hier, im Grenzgebiet zu Panama, illegal gefischt.

Aber auch legale Shrimpboote gefährden die Haie: Sie fischen mit riesigen Grundschleppnetzen, und die Wahrscheinlichkeit, dass auch Haie ins Netz gehen, ist groß.

Mindestens so groß wie die Gefahr, an einer der Langleinen zu verenden. Diese weitverbreitete Fangtechnik ist besonders brutal: Auf bis zu 90 Kilometer langen Leinen werden Zehntausende Haken ausgehängt. Die Mehrzahl der Tiere, die sich an den Langleinen verfangen, stirbt als sinnloser Beifang. Eine riesige, eine perverse Verschwendung, bei der nicht nur Haie, sondern auch Delfine, Schildkröten und Seehunde verenden.

Es ist in Costa Rica nicht verboten, nach Haien zu fischen. Und man kann den lokalen Fischern auch keinen Vorwurf machen – schließlich müssen die Kleinen mit dem auskommen, was die Großen übrig lassen. Ein Eingriff durch die Ranger ist nur möglich, wenn es Anzeichen von Finning gibt …

Die Hauptakteure im illegalen Haiflossenhandel in Costa Rica sind die Taiwanesen. In Puntarenas, dem größten Fischereihafen des Landes, gibt es sogenannte Private Docks, private Anlegestel-

* www.marviva.net

len für Fangboote, wo jeder tun und lassen kann, was er will. »Die Besitzer der Docks«, so Randall Arauz, ein mutiger costa-ricanischer Umweltaktivist, »behaupten gerne, dass die Haie, die sie fangen, versehentlicher Beifang sind.« Die offiziellen Zahlen sprechen allerdings eine ganz andere Sprache: 100 internationale Boote haben hier 2008 insgesamt 8900 Tonnen Fisch eingeführt. Davon 8300 Tonnen Hai. Das sind 93 Prozent!

Drehtagebuch: 1. März 2009

Golfito, Costa Rica

Wir halten an einer Nussschale von Fischerboot, an Bord ein Vater mit seinem Sohn. Sie holen gerade ihr Netz ein, entfernen einen Rochen, der für sie weder verkäuflich noch verzehrbar ist. Der Rest des Fangs sind kleine Brassen, auch hier fragen wir uns, ob man von den paar Fischen leben kann. Wir fahren weiter und entdecken eine Wasserschildkröte, die verletzt an der Wasseroberfläche strampelt. Sie hat Schlagseite, versucht mit letzten Kräften, den Kopf über Wasser zu halten, um atmen zu können. Adilio zieht sie an Bord und entdeckt eine klaffende Wunde unterhalb des Halses, direkt über dem Panzer. Die Schildkröte blutet stark. Auch ihre linke vordere Flosse ist verletzt, als hätte sie sich aus einem Netz befreit. Meeresschützer Adilio erklärt, dass sie ca. sechs Jahre alt ist und sich am Haken einer Longline verheddert haben muss, eventuell am Haken hängen geblieben ist und sich beim Losreißen so schwer verletzt hat, dass sie jetzt hier verendet. Wir legen sie mit dem Rücken nach unten auf den Bootsboden und können nur noch zusehen, wie sie aufhört zu zappeln. Das also nennt man so nüchtern »Bycatch«, Beifang. Ein weiterer Kollateralschaden unseres Fischgenusses. Adilio und ich heben die schwere Schildkröte hoch und lassen sie ins Wasser gleiten. Sie soll wenigstens in ihrem Element das Zeitliche segnen.

Drehtagebuch: 3. März 2009

Puntarenas, Costa Rica

Randall Arauz ist Costa-Ricaner, bis zum 11. Lebensjahr in Kalifornien aufgewachsen, von Beruf Biologe und Gründer von »Pretoma« (www.pretoma.org), einer kleinen, costa-ricanischen Umweltschutzorganisation, die für das Überleben der letzten Meeresschildkröten und Haie kämpft, vornehmlich gegen die lokale Fischereiindustrie. Mit erstaunlichem Erfolg. Vor zehn Jahren noch als Einzelkämpfer unterwegs, jetzt mit zehn Mitarbeitern (man denke an die weltweit operierenden WWF-Büros, die vielen Mitarbeiter und deren vergleichsweise bescheidene Wirkung), hat Randall eine ganze Liste von Gesetzen durchgepeitscht, meist per Klage vor costa-ricanischen Gerichten. Seine Gegner sind die Finning-Industrie, korrupte Politiker, faule Behörden und die »Shrimper«, bei deren Krabbenfangpraktiken 95 Prozent (!) ungewollter Beifang entstehen, der in den Netzen tonnenweise verendet. Und natürlich die Longliner, an deren für Thunfisch gedachten Haken alles verendet, was auf den Listen gefährdeter Tierarten steht: Seelöwen, Robben, Delfine, Schildkröten, Haie etc. Randalls Lieblingsfeinde sind die Shark Finner, die weiterhin ungestört nur die Flossen anlanden, nachdem sie die Hairümpfe auf hoher See entsorgt haben: Die sind zu schwer und zu groß, um an Bord mittransportiert zu werden. Platz und Kapazität wird schließlich für die teuren Bluefin- und Yellowfin-Thunfische gebraucht. Die Flossen sind »nur« ein leicht zu transportierendes, bombiges Nebengeschäft. Nur wenn die Thunfisch- oder Red-Snapper-Ernte mager ist, verkauft man auch das Fleisch der Haie. Es landet als Ceviche oder minderwertiges Seafood in lokalen Bars, Restaurants, Supermärkten, meist unter anderen Namen, genau wie in Deutschland.

Randall erzählt ausdauernd, leidenschaftlich, humorig, und doch mit großer Wut. Costa Rica hat bezüglich Umweltschutz eine fantastische Gesetzgebung, zum Regenwald-, Schildkröten- und Haischutz, für die riesigen Nationalparks und deren einmalige Artenvielfalt, zum CO_2-Ausstoß (das Land will bis 2021 karbon-neutral sein), und doch ist alles nur ein Lippenbekenntnis, weil die Einhaltung und Kontrolle der Gesetze so fahrlässig sind. 90 Prozent der Boote der Coastguard sind betriebsunfähig, weil das Geld fehlt, sie zu reparieren. Die Inspekteure der Fischereikommission sind korrupt, ebenso Minister und leider auch der Präsident.*

Und Randall ereifert sich weiter: Nicht nur werden die Bestimmungen für Krabbenfang nicht kontrolliert, sondern neuerdings auch riesige Krabbenfarmen angelegt, für die wiederum geschützte Mangrovenwälder abgeholzt werden, mit den bekannten Kettenreaktionen der Natur: Ausgewachsenen Fischen

* Karbon-neutral sein würde bedeuten, dass z. B. durch Regenwaldaufforstung genauso viel CO_2 gespeichert wie ausgestoßen wird.

fehlen dadurch die sicheren Laichgebiete, Jungfischen die Schutzzonen, in denen sie ungestört heranwachsen können, der Sand an den Stränden wird weggespült, die Ufer erodieren usw. Ich frage Randall, ob er noch Shrimps isst. »I love them!«, ruft er und lacht laut. Da ist er mir voraus. Ich kriege Nahrungsmittel, insbesondere Fleisch und Fisch, nicht mehr herunter, seit ich weiß, unter welch verheerenden Bedingungen sie hergestellt werden.

Randall Arauz hat schon mehrere Fischereibetriebe auf frischer Tat ertappt: An dem Dock von Inversiones Cruz wurden 30 Tonnen Haiflossen von einem einzigen taiwanesischen Kutter abgeladen. Doch niemand konnte eingreifen, weil es Privatgelände ist. Die Verantwortlichen wurden nie zur Rechenschaft gezogen. Denn jeder, der an den schmutzigen Deals beteiligt ist, verdient daran. Wen wundert's, dass staatliche Behörden da gerne mal die Hand aufhalten ...

Geliefert wird in die ganze Welt. Auch nach Europa. Spanien ist Europas bedeutendste Fischereination – und eine der größten Haifangnationen der Welt. Doch die Gewässer der Europäischen Union sind so gut wie leer gefischt. Also wird die Ware massenhaft importiert oder in fernen Gebieten abgefischt: Die reichen Länder bedienen sich bei den armen, die sich nicht dagegen wehren können. Der Fisch auf unseren Tellern kommt von immer weiter her. Von den Küsten Afrikas, Südamerikas, aus rechtsfreien Zonen. Las Palmas auf Gran Canaria ist dabei das Zentrum der illegalen Fischerei im Atlantik. Hier können die Raubfischer ihren Fang umladen und dann Kurs auf Rotterdam, Le Havre oder Hamburg nehmen.

Vor unseren Augen erfolgt die restlose Vernichtung einer aussterbenden Tierart.

Vor unseren Augen erfolgt die restlose Vernichtung einer aussterbenden Tierart. Der Schwertfisch ist dabei das erste Opfer der Überfischung, der Nordatlantikbestand ist laut Roter Liste gefährdet. Fand man früher auf dem Fischmarkt noch mehr Schwertfische und Thunfische als Haie, so hat sich dieses Verhältnis heute umgekehrt.

224
165

Drehtagebuch: 9. Dezember 2008

Oahu, Hawaii

Frühmorgens schippern wir zur Boje der alten Krabbenfangstation und machen das Boot fest. Es dauert keine 20 Sekunden, und unter dem Boot wimmelt es von 2 bis 3 Meter großen Haien. Ich steige mit Taucherbrille, Schnorchel und Flossen ins Wasser. Kaum bin ich drin, gibt es nur noch ein Gefühl: Faszination. Die Eleganz, Grazie, Ruhe dieser Tiere, wie sie einem kurz neugierig in die Augen sehen und sich dann abwenden.

Mir fällt eine Gruppe südafrikanischer Surfer ein, die ich in Kapstadt vom Strand aus beobachtet habe: Die saßen auf ihren Brettern und warteten auf die nächste Welle, als plötzlich zwischen ihnen und dem Strand mehrere große Haie auftauchten. Der Rück- bzw. Fluchtweg zum Strand war also abgeschnitten. Aber anstatt in Panik zu verfallen, blieben alle Surfer auf ihren Brettern sitzen und legten lediglich ihre Beine aufs Brett, anstatt sie wie sonst im Wasser baumeln zu lassen. So warteten sie geduldig und ohne sich zu bewegen, bis die Haie sich verzogen, und surften dann munter weiter.

Vor allem der Handel mit den Flossen boomt. Sie werden separat nach Südostasien verschifft und sind das Kerngeschäft im europäischen Haihandel. Ein Geschäft, das sich Spanien nicht verderben lassen will, weshalb es sich bis heute erfolgreich gegen strengere Fangquoten und -kontrollen zur Wehr setzt.

Das Fleisch der Haie bleibt in Europa, wo die Nachfrage noch immer wächst. Deutschland gehört inzwischen zu den Top Five der europäischen Haifleischimporteure: 2000 Tonnen Hai landen jährlich bei uns in den Fischtheken. Doch da Hai ein Speisefisch mit Akzeptanzproblemen ist, wird er den deutschen Konsumenten vorwiegend unter Fantasienamen aufgetischt.

Drehtagebuch: 13. Februar 2009

Hamburg

In der Nähe des Hamburger Containerhafens. Ein Großmarkt, in dem bedenken- und gewissenlos weiter in großen Mengen Haifleisch verkauft wird: Schillerlocke, Blauhaisteak.
Der freundliche Verkäufer an der Fischtheke, eigentlich Koch von Beruf, erklärt auf meine Frage, ob der Konsum von Haisteaks gesundheitsgefährdend sei: »Nein, nein, das ist absolut unbedenklich.«
Wir kaufen einen Karton voller tiefgefrorener Haisteaks und eine große Portion Schillerlocken, packen unsere »Delikatessen« ein und fahren direkt zur Universität Kiel, zu einem der führenden Lebensmitteltoxikologen in Deutschland.
Das Methylquecksilber wird hauptsächlich in den Speicherorganen des menschlichen Körpers gelagert, d. h. im Gehirn und in der Plazenta, und ruft verheerende Schäden hervor. Nach der Veröffentlichung von Analysen im Jahr 2005 verschwanden zunächst viele Haiprodukte aus den Fischtheken der Bundesrepublik, tauchen seitdem aber still und leise wieder auf: Je mehr edle, hochwertige Speisefischarten überfischt sind und deshalb rar und teuer werden auf den Fischmärkten der Welt, desto höher der Anteil an »minderwertigen, preiswerten Fischen« wie dem Hai.

Wir übergeben Dr. Kruse unseren Einkauf und bitten ihn, diesen auf seine Metallbelastung hin zu überprüfen. Er verspricht das Ergebnis im Lauf der kommenden Wochen.
Als wir die Untersuchungsergebnisse erhalten, bestätigt sich unser Verdacht: Die Belastungswerte sowohl der Blauhaisteaks als auch der Schillerlocken sind weit höher als die von der WHO empfohlenen Grenzwerte.

Seeaal/Meeraal, Schillerlocke, Kalbsfisch, Speckfisch, Karbonadenfisch, Königsaal, Steinlachs, Seestör, Falsche Jakobsmuschel, Falsches Krabbenfleisch (Surimi) ... Alles ein und dieselbe Sorte: Hai! Die bekannteste Haivariation bei uns ist die Schillerlocke: geräucherte Bauchlappen des Dornhais.

Dieser vermeintlich appetitliche Fischimbiss ist alles andere als gesund: Haifleisch enthält hohe Konzentrationen an CH_3Hg^+. Das ist die chemische Formel für Methylquecksilber, einen der giftigsten Stoffe, die wir kennen. Bei Erwachsenen kann Methylquecksilber zu Mutationen, Lähmungserscheinungen oder Sprachstörungen führen, bei Kindern und Ungeborenen sogar irreparable, geistige Entwicklungsschäden hervorrufen. Nach neuesten Erkenntnissen der Weltgesundheitsorganisation (WHO) steht Methylquecksilber sogar unter Verdacht, krebserregend zu sein und kognitive Störungen und Nervenkrankheiten hervorzurufen. Es ist schon erstaunlich: Wir leben in einem Land, wo ein abgelaufener Joghurt einen Gammelskandal auslöst, aber wenn uns vergifteter Sondermüll oder aussterbende Tierarten angeboten werden, kräht kein Hahn danach – obwohl die Giftbelastung längst bekannt ist (vgl. Färöer Studie 2008).[9]

Hai zu verzehren ist also ein Spiel mit dem Feuer. Nicht nur, dass wir unsere Gesundheit gefährden, wir gefährden eine ganze Art – und damit ein ökologisches Gesamtsystem. Wir müssen schnellstmöglich verstehen, wie wichtig der Hai in dem System Meer ist und dass er unsere größte Sauerstoffquelle am Leben erhält. Konsequenter Schutz fängt deshalb in unserem Kopf an – und bei unserem Konsumverhalten ...

Eine engagierte Haischützerin ist Stefanie Brendl. Sie lebt seit über zehn Jahren an der North Shore von Oahu und taucht seitdem mehrmals täglich mit Haien. Ohne Messer, ohne Käfig und ohne Schutzanzug. Die viele Zeit, die sie mit den Tieren verbringt, hat aus ihr eine unermüdliche Kämpferin für die Haie gemacht. Sie nimmt Gäste mit zum Käfigtauchen. Denn wenn die eine persönliche Erfahrung mit den Tieren machen, wenn sie sehen, dass die Tiere wirklich nur friedlich um den Käfig schwimmen, dann ist es ganz egal, was sie vorher wussten – sie gehen mit einem ganz anderen Respekt und Eindruck von Haien heim.

Stefanie Brendl geht regelmäßig mit Schulklassen zum Haitauchen. Damit will sie die Kinder zu verantwortungsbewussten Menschen machen, die das Meer und seine Bewohner respektieren und lieben. Mit diesen Kindern wächst eine Generation heran, die in den Königen der Meere keine Bestien sieht. Und diese Kinder können die Welt verändern.

Wir haben es in der Hand, ob wir eine der faszinierendsten Arten erhalten, die es gibt. Denn jeder Atemzug, jede Sekunde und jede Flosse zählt. Auf einer Erde, die unsere Kinder erben und auf der sie zusammen mit dem Hai überleben wollen.

Sofortmaßnahmen

I. Ab sofort müssen sämtliche gefährdete Fischarten von der Speisekarte verschwinden! Machen Sie also unbedingt einen großen Bogen um das Haiangebot an der Fischtheke und im Restaurant. Wenn wir Haifleisch konsequent ablehnen, sinkt auf Dauer die Nachfrage. Unsere Macht als Konsumenten sollten wir nie unterschätzen. Tabu sind deshalb Haiflossensuppe, Haisteak (Fleisch vom Heringshai, inzwischen in vielen Tiefkühl- und Fischtheken im Sortiment sowie auf der Speisekarte von »In«-Restaurants), Kalbsfisch (die geräucherten Scheiben vom Heringshai), Königsaal (die Filetstücke des Dornhais), Schillerlocke (geräucherter Bauchlappen des Dornhais), Seestör (Handelsname unter anderem für Heringshai – im Zweifelsfall nachfragen), Steinlachs (Handelsname für Hai, aber auch andere Fische – im Zweifelsfall nachfragen), Surimi (Krebsfleischimitat). Mittlerweile gibt es leider diverse Fischarten wie Thunfisch, Schwertfisch, Kabeljau, Scholle, Rotbarsch u. v. m., deren Bestand bedrohlich dezimiert ist und die wir deshalb nicht mehr kaufen sollten, um ein Zeichen zu setzen, das Handel und Industrie kapieren. Einen hilfreichen »Fischratgeber« hat Greenpeace im November 2009 veröffentlicht (www.greenpeace.de).

II. Viele Kosmetikprodukte enthalten »Haireste«. So wird zum Beispiel Squalen, gewonnen aus der Haileber, in Cremes verwendet, um Freie Radikale zu binden. Und Kollagen, Bestandteil vieler Gesichtscremes, wird noch immer häufig aus Knorpelskeletten des Hais hergestellt. Also: genau hinschauen – auch bei Nahrungsergänzungsmitteln wie den bekannten Fischölkapseln; denn es kann durchaus vorkommen, dass man nicht Lachsöl, sondern Haiöl schluckt.

III. Da den Hai nach wie vor nicht nur unser Konsumverhalten, sondern auch sein Image als Menschenfresser verfolgt – obwohl noch nie (!) ein

Mensch von einem Hai gefressen wurde , sollten wir darauf achten, dass zumindest die nächste Generation dem Hai endlich mit Respekt begegnet: Der Hai ist ein wertvoller Protagonist unserer Meere. Ein DVD-Tipp: »Findet Nemo«, nach dessen Filmstart in der Disneyworld Hongkong die Haiflossensuppe von der Speisekarte genommen wurde.

IV. Wenn wir uns eingeladen fühlen, einen Ausflug in die Welt der Pfauenbarsche, Ammenhaie, Schildkröten und Kraken zu unternehmen, sollten wir beim Tauchen immer bedenken: Wir sind nur Besucher, für die ein paar wichtige Regeln gelten:

1. Nichts berühren. Weder Tiere noch Pflanzen.
2. Nichts mitnehmen. Auch kein leeres Schneckengehäuse, das für den nächsten kleinen Einsiedlerkrebs die geeignete Bleibe sein könnte.
3. Keine Sedimente aufwirbeln. Die »Riff-Baumeister«, die Korallenpolypen, werden es uns danken.
4. Die Taucherregel »stop – think – act« gilt auch in Bezug auf den Schutz der Unterwasserwelt.

Weiterführende Links:

- www.sharkproject.org
  Organisation zum weltweiten Schutz der Haie und der marinen Ökosysteme
- www.wwf.de/fisch
  WWF-Verbrauchertipps
- www.greenpeace.de/fileadmin/gpd/user_upload/themen/meere/Fischratgeber_Taschenformat_Nov_2009.pdf
  Greenpeace Fischratgeber
- www.pretoma.org
- www.marviva.net
- www.hannesjaenicke.zdf.de

»They call him
Flipper, Flipper,
faster than lightning,
    noone you see,
    is smarter than he,
and we know Flipper
lives in a world full
of wonder,
    flying there under,
    under the sea!«

Da vergeht selbst dem Delfin das Lächeln

Erinnern Sie sich noch an »Flipper, den Freund aller Kinder«?

Der niedliche Delfin in der gleichnamigen TV-Serie rettete Menschen aus Seenot, brachte Verbrecher zur Strecke und sorgte so für das Happy End in jeder Folge ... Diese Serie löste einen regelrechten Delfin-Hype aus. Plötzlich waren Delfinshows ein Muss in jedem Freizeitpark. Doch seine Popularität kam den Delfin teuer zu stehen, denn die Delfinariumindustrie brauchte immer neuen Nachschub, um die wachsende Nachfrage des begeisterten Publikums weltweit zu befriedigen.

Tatsächlich hat der Mensch zu keinem Lebewesen der Meere so eine intensive Beziehung wie zum Delfin. Seit Jahrhunderten ist der Delfin in Sagen, Mythen und Geschichten präsent. Er gilt als der gute Geist des Ozeans. Delfine sind hochintelligente Säugetiere, haben ein soziales Verhalten und die Fähigkeit zu kommunizieren, zu spielen, zu lieben und zu trauern. Und so erweckt die Nähe zu Delfinen beim Menschen sehr schnell ein Gefühl der Vertrautheit. Ein fatales Gefühl. Denn allzu leicht wird angesichts seines schnatternden »Lächelns« vergessen, dass der Delfin ein wildes Tier ist. Und dem zeigen wir unsere Zuneigung am besten, indem wir es in Ruhe lassen. Doch stattdessen beklatschen wir Tümmler und Orcas in einem viel zu engen Becken mit künstlich aufbereitetem Wasser oder versenken Tausende Euro für eine Delfintherapie, deren Wirksamkeit nicht weniger fragwürdig ist als ihre Menschlichkeit; denn was Kinder gesund machen soll, macht Delfine krank. Es treibt die Delfine bis in den Selbstmord. Das isolierte Dahinvegetieren unter Freiheitsentzug in einer eintönigen Umgebung

Tatsächlich hat der Mensch zu keinem Lebewesen der Meere so eine intensive Beziehung wie zum Delfin.

hat mit den natürlichen Verhaltensweisen dieser hochentwickelten Lebewesen nichts zu tun. Eine Tatsache, die jährlich Dutzende Tiere in Gefangenschaft das Leben kostet. Sie verenden an Stress und Einsamkeit. Sie verweigern die ungewohnte Nahrung. Sie hören auf zu atmen. Sie sterben, um nicht qualvoll zu leben.

50 Millionen Jahre hat die Evolution gebraucht, um Delfine zu dem zu machen, was sie heute sind: die vielfältigste und größte Familie der Wale. Ein Säugetier mit einem verblüffenden Verstand. Der Mensch wusste das zu würdigen – und begann vor rund 100 Jahren, ihn zu missbrauchen: als Showstar, lebende Waffe, als Wunderheiler ... Aber wohl nicht mehr lange, denn schon bald könnte der Delfin von unserem Planeten verschwunden sein. Ausgerottet.

Wir zeigen dem Delfin unsere Zuneigung am besten, indem wir ihn in Ruhe lassen.

Im offenen Meer lebt der Delfin in engen sozialen Verbänden (Schulen), die gemeinsam täglich weite Strecken von bis zu 100 Kilometern zurücklegen. Dabei erreichen sie Höchstgeschwindigkeiten von 60 km/h. So können sie ihren dynamischen Bewegungs- und Jagdtrieb ausleben. Wie aber soll ein Tier, das so voller Lebensfreude und sozialem Mitgefühl ist, in einem trostlosen Betonbecken »leben« können?

Haben Sie schon mal eine halbe Stunde lang den Lärm in einem Delfinarium erlebt? Es ist kaum auszuhalten. Unter schrecklichem Musikgedudel »Flipper« zum Anfassen: ein Kuss auf die kalte Schnauze für 10 Euro. Doch selbst unter diesem enormen Stress erscheinen Delfine immer fröhlich und vergnügt – obwohl ihr Leben längst zu Ende ist. Sie vegetieren dahin, immer wieder zu Kunststückchen angetrieben, oft mithilfe von Nahrungsentzug. Die Sterberate bei Delfinen in Gefangenschaft ist enorm hoch. Und Nachzuchten funktionieren – entgegen den von profitgeilen Zoodirektoren zitierten »Studien« – ausgesprochen schlecht. Also wird fleißig »nachbestellt«. Aber bei wem? Die Fangverbote in Schwarz- und Mittelmeer sowie das Importverbot von Delfinen in die EU werden mit aller krimineller Macht umgangen und illegale Wildfänge aus Kuba, Mexiko und Kolumbien eingeschleust – in der Regel über Spanien.

Hauptlieferant für den weltweiten Delfinmarkt und Schauplatz eines bestialischen Gemetzels ist das japanische Fischerdorf Taiji. Jedes Jahr zwischen Oktober und März finden dort Treibjagden statt: Die Tiere werden in eine Bucht getrieben, zusammengepfercht und aussortiert.

Die größten und schönsten Exemplare, meist Weibchen und lernfähige Jungtiere, kommen in ein abgezäuntes Becken, wo sie von Trainern für Delfinshows auf aller Welt abgerichtet werden. Der Rest, ca. 2000 bis 3000 Delfine jährlich, wird abgeschlachtet und zu Delfinfleisch für den japanischen Markt verarbeitet.

Taiji ist bis heute der lukrative Weltsupermarkt für Showdelfine. 200 000 US-Dollar pro Exemplar. Sie können sich ja mal ausrechnen, was da bei rund 150 Delfinarien pro Jahr zusammenkommt …

Aber nicht nur in Japan, auch in Europa wird der Delfin gejagt. Tatort: Färöer Inseln.* Früher waren die Einwohner von der Nahrungsquelle Wal abhängig. Heute ist die Jagd nur noch blutige Tradition.

Die Jagden zu dokumentieren ist fast unmöglich. Immer wieder wurden Kamerateams und Tierschutzaktivisten bei dem Ver-

* Für Leser mit starken Nerven ist hier ein Film zu sehen: www.youtube.com/watch?v=Gydea-nUzFw.

such bedroht und aufs Übelste zugerichtet. Aber die wenigen existierenden Aufnahmen genügen, um die Wut hochkochen zu lassen: Mit Fischerbooten werden ganze Delfinschulen an die flachen Sandstrände getrieben. Dort bohrt man den gestrandeten Tieren stumpfe Haken in ihre Atemlöcher, zieht sie an Land und schneidet ihnen zum Ausbluten mit kurzen Messern die Kehle durch. Ein grausames Spektakel, das jedes Jahr begeistert gefeiert wird – von Jung und Alt. Widerstand? Fehlanzeige. Und dabei müssten die Schlächter schon aus reinem Selbsterhaltungstrieb ihre Messer stecken lassen. Denn Delfinfleisch ist vergiftet.

Weil Meeressäuger am Ende der maritimen Nahrungskette stehen, sammeln sich alle Giftstoffe, die sich im Meer finden – und das sind inzwischen erschreckend viele! – in ihrem Fleisch. Denn alles, was wir ins Meer hineinkippen, landet wieder auf unserem Teller. Eine tickende Zeitbombe, die die Inselbewohner da verspeisen.

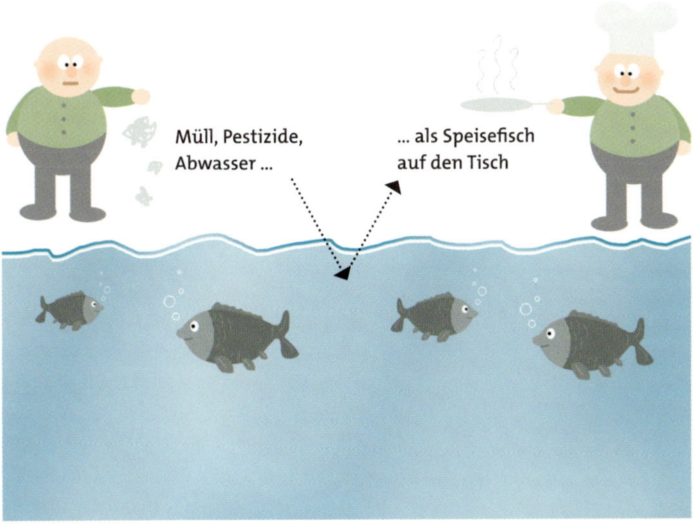

In einer großen, auf den Färöer Inseln durchgeführten Studie ist untersucht worden, welchen Einfluss der regelmäßige Konsum deutlich quecksilberbelasteter Fische während der Schwangerschaft auf die Kindesentwicklung hat. Die Studie zeigte auf, dass es mit zunehmender Quecksilberkonzentration zu Entwicklungsdefiziten bei den Kindern kommt: Bei Siebenjährigen zeigten sich Auffälligkeiten in neuropsychologischen Tests, wenn der Quecksilbergehalt im Haar der Mutter 10 Milligramm pro Kilogramm Körpergewicht überstieg. Veränderungen im Bereich von Aufmerksamkeit, Gedächtnis und Sprache traten bereits bei noch geringeren Werten auf.

Beispiel Erdöl: Ob bei Tankerunfällen oder Ölbohrungen, beim Auspumpen von Ballastwasser aus den Treibstofftanks oder unsachgemäßem Reinigen der Tanks … Mit der Verschmutzung der Meere durch Erdöl gefährdet der Mensch die marinen Tiere und Pflanzen und sich selbst – wie uns die Ölkatastrophe im Golf von Mexiko im Mai 2010 wieder schockartig bewusst gemacht hat. Denn die im Erdöl und damit im Fleisch von Raubfischen enthaltenen Naphthene, Olefine und Aromaten sind extrem giftig und können Krebs auslösen.

Mit der Verschmutzung der Meere durch Erdöl gefährdet der Mensch die marinen Tiere und Pflanzen und sich selbst.

Delfine kämpfen um ihr Überleben. In der Gefangenschaft ebenso wie im offenen Meer. Es ist ein Kampf gegen die Rücksichtslosigkeit und Selbstüberschätzung des Menschen, der sie jagt, quält und ihren Lebensraum zerstört. Diese Zerstörung ist nicht nur ein »Kollateralschaden« des ausufernden Massentourismus und der Fischereiindustrie. Auch an achtlos ins Meer geworfenen Plastiktüten oder der chemischen Keule in Form von Düngemitteln, Pestiziden und Industrieabfällen ersticken die Tiere. Dazu kommt die permanente Lärmbelästigung: Schiffsmotoren, Militärübungen, U-Boot-Sonare, Gas- und Ölförderungen verwandeln den leisesten Lebensraum der Erde in eine dröhnende Autobahn. Ständig werden die Tiere von unbekannten und viel zu lauten Geräuschen und Tönen attackiert – bis das hochsensible und lebensnotwendige Kommunikations- und Orientierungssystem der Meeressäuger versagt. Die fatalen Folgen: Panik, Stress, Desorientierung, Schiffskollisionen, Massenstrandungen. Besonders pervers sind die Ultraschallwellen, wie sie mit Sonargeräten ausgerüstete Industriefischerboote und U-Boote aussenden. Denn auch Delfine haben neben dem extrem feinen Gehör ein einzigartiges Sonar, das Ultraschallwellen aussendet: Der Delfin gibt ein gerichtetes Signal ab, das von dem Ziel reflektiert und vom Delfin wieder aufgefangen und »gelesen« wird.

Delfine kämpfen um ihr Überleben. In der Gefangenschaft ebenso wie im offenen Meer.

Über diese Echolokation nimmt der Delfin seine Umgebung ganz genau wahr. Trifft der Delfin zum Beispiel auf einen Taucher, übermittelt ihm das reflektierte Echo auch Informationen über dessen Herzschlag und Lungenfunktion. Und nun stellen Sie sich vor, Sie stehen direkt neben einem startenden Kampfjet. Ohne Gehörschutz … Mit ohrenbetäubenden 215 Dezibel schallen militärische Tieffrequenz-Sonargeräte durch die Meere. Geraten Delfine in ihr Kreuzfeuer, wird das Gehör geschädigt, entweder mit vorübergehender Taubheit oder tödlicher Gehirnblutung. Je nach Dauer und Intensität des Lärms.

Schlimmster Gegner der Delfine ist aber nach wie vor unser Hunger auf Fisch. Der hat dazu geführt, dass es den Meeressäugern inzwischen an Nahrung fehlt. Die ersten Tiere sind bereits verhungert. Doch unser Appetit auf Thunfisch & Co. scheint unstillbar … Riesige Fangnetze der Industriefischerei werden für Delfine zu lebensgefährlichen Fallen, in denen sie qualvoll ersticken. Auf diese Weise verenden mehr als 300 000 Wale und Delfine jährlich. Ein mörderischer Begleitschaden unseres unkontrollierten Konsumverhaltens …

Schlimmster Gegner der Delfine ist aber nach wie vor unser Hunger auf Fisch.

Auszug aus dem Interview mit Nicolas Entrup, Geschäftsführer WDCS Deutschland

Hannes Jaenicke

Du bist der Chef der größten weltweit tätigen Wal- und Delfinschutzorganisation. Du hast im Moment viel zu tun, weil das Walfangverbot wieder mal gekippt werden soll. Deutschland blamiert sich erneut, indem es den Walfangnationen in den Hintern kriecht, um das mal deutlich zu sagen. Woran liegt das?

Nicolas Entrup

Das liegt daran, dass eine der größten Errungenschaften der internationalen Artenpolitik der letzten Jahre, nämlich das internationale kommerzielle Walfangverbot, das seit 24 Jahren in Kraft ist, von drei Staaten umgangen wird. Und es liegt am Versagen der anderen Staaten, diese drei Länder – Island, Norwegen und Japan – zum Einlenken zu bewegen. Durch dieses Scheitern versuchen die Staaten jetzt einfach, sich in der Öffentlichkeit zu legitimieren, indem sie sagen, wir brauchen einen Kompromiss mit den Walfangstaaten. Sie hoffen also einerseits auf einen Neubeginn und andererseits auf weniger Eskalation, die wegen der höheren Fangquoten, die sich die Staaten selbst zuordnen, auftritt. Ich halte es für naiven Blödsinn zu glauben, dass man die Tür für kommerziellen weltweiten Walfang im Sinne der sogenannten Nachhaltigkeit öffnet, indem man drei Staaten entgegenkommt, die eine internationale Bestimmung jahrelang umgehen. Das würde den derzeit subventionierten Walfang wieder profitabel machen. [...]
Die hauptsächliche Aufgabe der NGOs liegt dann darin, die Öffentlichkeit wachzurütteln und Politiker an ihr Mandat zu erinnern.

Politiker vertreten die Öffentlichkeit, und diese zeigt in Deutschland ein breites und mehrheitliches Interesse daran, dass das Walfangverbot bestehen bleibt und andere Tier- und Artenschutzpolitik aktiv betrieben wird. Ein vielleicht wichtiger Punkt in diesem Zusammenhang: Aktiver Tier- und Artenschutz heißt, auch Maßnahmen durchzusetzen, die einem wehtun. Ich muss Island gegenüber auf einer anderen Ebene Druck ausüben, als jetzt z. B. einen diplomatischen Brief zu schreiben. Den Politikern sind Wale und Delfine und vielleicht auch andere Tiere einfach zu wenig wert, um hier aktiv vorzugehen und nicht nur reine Rhetorik zu betreiben.

Hannes Jaenicke
Wenn die Politik und das Verbraucherschutzministerium nichts tun, wie können wir denn als sogenannte Otto Normalverbraucher den Delfin- und Walschutz unterstützen?

Nicolas Entrup
Ich glaube, wir brauchen generell in der Gesellschaft ein neues Aufbäumen, ein Aktivwerden, sozusagen einen Wertewandel. Und diesen Wertewandel beschreibe ich dahingehend, dass Tiere als Individuen gesehen werden. Ich schütze leidfähige Individuen und werde nicht nur aktiv, wenn eine Art vom Aussterben bedroht ist. Dann ist es meistens ohnehin schon zu spät.

Hannes Jaenicke
Aber viele Wal- und Delfinarten sind ja vom Aussterben bedroht.

Nicolas Entrup
Ja, sie sind bedroht, aber dieser Wertewandel bedarf natürlich einer Kommunikation. Wir wünschen uns nicht nur, sondern drän-

gen darauf, aus dieser Lethargie herauszubrechen, damit sich die Öffentlichkeit artikuliert und die von ihr gewählten Entscheidungsträger zwingt, im Sinne des Tierartenschutzes aktiv zu werden. Gerade das vermissen wir.

Hannes Jaenicke

Das heißt Briefe schreiben, sie mit E-Mails bombardieren ...

Nicolas Entrup

Absolut.

Hannes Jaenicke

Gibt es auch Konsumentscheidungen, die Wal- und Delfinschutz fördern?

Nicolas Entrup

Es gibt ein ganz einfaches Beispiel dazu. In Island ist eine einzige Person, Herr Loftsson, verantwortlich für den gesamten Fang der zweitgrößten Walart, der Finnwale. Dieser Herr Loftsson, ein Multimillionär, sitzt in zahlreichen Fischereibetrieben und exportiert Fisch in die EU. Es ist ein ganz Leichtes für die EU und die deutsche Bundesregierung, die Fischereiimporte aus diesen Firmen zu boykottieren. Man muss gar nicht den gesamten Fisch aus Island sperren und würde doch den größten Walfänger in Island treffen und das Problem beheben.

Hannes Jaenicke

Gut, wir haben bereits festgestellt, dass die Politik nichts tut. Meine Frage war: Können Konsumenten wie du, Judith und ich, ähnlich wie z. B. beim Boykott von Thunfisch, durch unser Kauf- und

Konsumverhalten irgendetwas ändern? Gibt es da etwas, abgesehen von Delfinarien? Ich gehe mal davon aus, dass du kein Befürworter von Delfinarien bist. Wir haben hier in Deutschland drei, außerdem gibt es zahlreiche spanische und türkische Ferienparks, und Amerika betreibt, ich weiß nicht wie viele SeaWorlds und Delfinarien mit Milliardenumsätzen. Was kann man also noch tun für den Wal- und Delfinschutz, außer Delfinarien zu meiden und mal Herrn Röttgen oder Frau Aigner mit E-Mails zu bombardieren?

Nicolas Entrup

Die Eierproduktion hat doch in der Landwirtschaft gezeigt, dass der Konsument die Chance hat, auf Freilandeier umzusteigen und andere Formen der Produktion zu meiden. Der Konsument übt folglich eine enorme Macht aus. Das wäre auch ein wünschenswerter Weg bei Fischereiprodukten, auf Thunfisch und Schwertfisch zu verzichten, aber andere, zertifizierte Produkte zu nutzen. Nur leider fehlt diese Zertifizierung von Meeresprodukten in Europa. Es gibt zwar freiwillige, von gemeinnützigen Organisationen unterstützte Labels, aber die Staaten haben sich noch nicht auf eine allgemeine Zertifizierung geeinigt, so dass der Konsument momentan überhaupt keine Chance hat. Und das brauchen wir. Der Konsument muss einfordern: Ich möchte wissen, was ich hier kaufe, um mich entscheiden zu können, dass ich nicht das Produkt A, sondern das Produkt B kaufen will.

Hannes Jaenicke

Die Menschen meinen oft, dass es besser wäre, Fisch aus Aquakultur zu kaufen. Ist dann alles gut? Oder ist das auch mit Vorsicht zu genießen?

Nicolas Entrup

Ich möchte zwei Punkte dazu anführen. Der erste betrifft die Aquakultur beim Thunfisch. Dabei handelt es sich um Wildfänge, also um wild gefangene, nicht um gezüchtete Thunfische, die gemästet und in einem kurzen Zeitraum aufgeblasen werden, vergleichbar der Gänsestopfleber. Hier handelt es sich um eine brutale Form, die noch dazu ökologisch überhaupt nicht besser ist im Sinne der Arterhaltung, sondern genau das Gleiche verursacht.

Hannes Jaenicke

Im Gegenteil, sie ist schlimmer, denn in den Käfigen entstehen Krankheiten, die mit jedem befallenen Tier gesunde Population vernichten.

Nicolas Entrup

Genau. Das ist der zweite Punkt, auf den ich im Zusammenhang mit der Aquakultur hinauswollte. Die Einfuhr von nicht heimischen Tieren, von Arten wie dem pazifischen Lachs, dem atlantischen Lachs, der im Pazifik das Problem verursacht hat, bringt Probleme mit sich. Die Fische büxen aus und übertragen Krankheiten in ein Ökosystem, das sich hier nicht wehren kann, weil die Erreger nicht bekannt sind. Dadurch entsteht ein enormer Medikamenteneinsatz. Das heißt, das gesunde Nahrungsmittel Fisch ist eine Mär, ein Marketinginstrument. Egal, ob es sich um Wildfänge oder um Aquakulturen handelt, dieses gesunde Nahrungsmittel ist gar nicht mehr so gesund. Man muss auch hier aufpassen. Die Aquakultur ist, wie bei vielen anderen Sachen auch, kein Lösungsansatz, sondern nur ein Verlagern der Problematik.

Sofortmaßnahmen

I. Wofür brauchen wir Delfinarien? Wozu SeaWorld? Zu pädagogischen Zwecken, wie es sich zum Beispiel »Die DelphinLagune« in Nürnberg auf die Fahnen schreibt? Ich halte das für völlig absurd … In meinen Augen ist das kommerzieller Tiermissbrauch, getarnt als »Edukationskonzept« [sic!]. Ein wenig überzeugendes Argument mehr, um das Geschäft mit dem »Freund aller Kinder« anzuheizen und den Protest der Tierschützer zu ersticken. Wer seinen Kindern nicht nur Wissen über Delfine, sondern auch Achtung vor diesen wunderbaren Tieren vermitteln möchte, boykottiert Delfinarien und Delfintherapieangebote rigoros und verlässt sich lieber auf gute Bücher sowie filmische Dokumentationen. Besonders empfehlenswert – allerdings nicht für kleine Kinder geeignet – ist die oskarprämierte Dokumentation »Die Bucht«. Auf der Website zum Film (www.diebucht-derfilm.de) findet sich unter anderem kostenloses Unterrichtsmaterial für Kinder zwischen 10 und 15 Jahren, gefördert vom Bundesamt für Naturschutz.

II. Auch die Meere vor unserer Haustür verwandeln sich allmählich in »Unterwasserwüsten«. Sogenannte Todeszonen, in denen aufgrund von Sauerstoffmangel nichts mehr lebt, breiten sich aus. Schuld daran sind nicht zuletzt die Abwässer aus den Privathaushalten, die ins Meer gelangen. Da hilft nur: Wasserverbrauch reduzieren (z. B. duschen statt baden, keine halben Waschmaschinenfüllungen, beim Zähneputzen den Wasserhahn zudrehen) sowie »grüne« Seifen verwenden, das heißt Wasch- und Reinigungsmittel mit natürlichen Wirkstoffen und ohne schädliche Chemikalien. Bioprodukte werden ohne Pestizide und Fungizide hergestellt, und allein das lohnt deren Verwendung!

III. Aufgrund der Proteine, Mineralstoffe und Omega-3-Fettsäuren in Fischfleisch empfehlen viele Ernährungswissenschaftler, regelmäßig (fetten) Fisch zu essen, um sich vor Herzkreislauferkrankungen zu schützen. Schützenswert sind aber auch das Ökosystem Meer und seine Bewohner. Daher müssen wir unser Konsumverhalten verändern. Nur verantwortungsvoller Fischkauf (siehe Seite 130 und Seite 149f.) kann die Politiker und die Fischwirtschaft zwingen, den kommerziellen Wildfang auf ein umweltverträgliches Maß zu begrenzen, die Aquakultur zu optimieren und den Beifang zu reduzieren. Wer es ganz einfach haben will, kauft Süßwasserfische wie Zander, Regenbogenforelle, Renke, Saibling oder Karpfen aus einheimischen Gewässern.

IV. Plastik ist der Meereskiller Nummer eins, daher sollten immer Glas- statt Plastikflaschen gekauft werden!

Weiterführende Links:

- www.wdcs-de.org
  Wal- und Delfinschutzorganisation
- www.accobams.org/
  Das Abkommen zur Erhaltung von Walen und Delfinen im Mittelmeer und im Schwarzen Meer ist das zweite Abkommen für Wale und Delfine im Rahmen von CMS, des Abkommens zur Erhaltung wandernder wildlebender Tierarten.
- www.bund.net/plastik
  Die Gefahren, die von Plastik ausgehen und was man gegen eine Plastik-Welt tun kann.
- www.hannesjaenicke.zdf.de

Brennpunkt Luft

Wer heute die Begriffe Klimawandel und Erderwärmung liest oder hört, denkt unweigerlich an das Treibhausgas Kohlendioxid (CO_2), an schmelzende Gletscher, den steigenden Meeresspiegel und wärmere Ozeane …

Zwei Grad, die die Welt bewegen

Schließlich werden wir ja schon seit Jahren mit Berichten über die Klimagefahr, entsprechenden Warnungen und Empfehlungen, aber auch möglichen Schreckensszenarien konfrontiert. Wir kennen die Fakten: In den vergangenen 100 Jahren stieg die Durchschnittstemperatur der erdnahen Atmosphäre kontinuierlich an (um 0,8 Grad). Tendenz steigend – und zwar immer schneller ... Schuld daran ist der vom Menschen verursachte Treibhauseffekt, also die immense Anreicherung der erdnahen Atmosphäre mit CO_2, Methan und anderen Treibhausgasen durch das Verbrennen von Kohle, Erdgas und Erdöl sowie die weltweite Waldvernichtung und schonungslose Agrarindustrie.

Über uns hat sich ein »Treibhaus-Dach« gebildet, das der Sonnenwärme den Rückweg versperrt. Die Erde droht zu kollabieren. Wir haben uns in einen Treibhaus-Teufelskreis katapultiert: Die menschlichen CO_2-Emissionen erwärmen die Erdatmosphäre, wodurch verstärkt CO_2 und Methan – ein 25-mal aggressiveres Treibhausgas als CO_2 – aus den natürlichen Speichern der Erde wie den auftauenden Permafrostböden in Sibirien freigesetzt werden, was wiederum die Erderwärmung beschleunigt.

Aber welche Bäume sollen all das überschüssige CO_2 der Luft absorbieren, wenn dem Mammon Wirtschaftswachstum Jahr für Jahr 13 Millionen Hektar Wald geopfert werden? Geht die Abholzung auf diesem Niveau weiter, wird im Jahr 2045 der letzte Tropenbaum gefällt sein.

Das Klima der Erde erzählt eine lange Geschichte natürlicher Veränderungen – aber der *menschgemachte* Klimawandel geht so rasant vor sich, dass eine Anpassung für Mensch und Tier unmöglich ist ... Auch die Folgen kennen wir: Nur noch vier Grad mehr – Klimaexperten halten sogar sechs Grad bis Ende des 21. Jahrhunderts für möglich –, dann sind Millionen Afrikaner

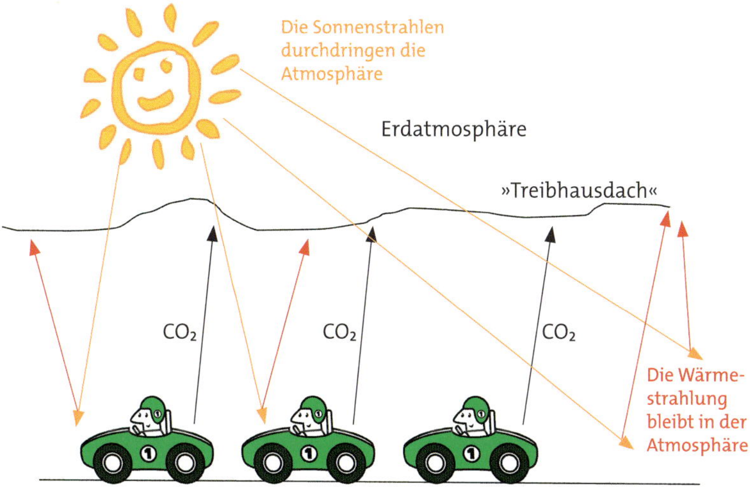

und Südeuropäer von Hungersnöten und Trinkwassermangel betroffen, und Flüchtlingsströme in die »reiche Welt« die Konsequenz; 50 Prozent aller heutigen Tier- und Pflanzenarten werden ausgestorben sein; Sturmfluten und Überschwemmungen reißen die weltweiten Küstengebiete und ganze Inselgruppen mit sich; großflächige Waldbrände sowie Tropenstürme und Tornados mit gewaltiger Zerstörungskraft sind an der Tagesordnung, beliebte Reiseziele wie Spanien trostlose Wüstenlandschaften ...

Doch statt eines abrupten Umdenkens und veränderten Verhaltens in der denkenden Bevölkerung angesichts solcher Fakten und Folgen nehme ich in meiner Umgebung einen gewissen Klimaüberdruss wahr. »Klimakrise? Ach, bitte nicht schon wieder!« Stumpfen wir etwa ab? Das wäre fatal, denn jede persönliche Spielart einer »Nach-mir-die-Sintflut«-Haltung unterstützt die Machenschaften verantwortungsloser Leugner des Klimawandels. Und jeder Gegenwind, jedes Zögern in der jetzigen Situation erhöht das Risiko für das Leben auf unserem Planeten.

Die Branchenführer in Sachen Umweltschmutz[10]

Industrie/Rohstoffsektor. Derzeit gehen 25 Prozent der Kohlendioxidemissionen weltweit auf Industrie und Bergbau, Ölraffinerien und Kokereien zurück.

Energieerzeugung. Ebenfalls 25 Prozent der Klimagase werden durch Kohle- und andere Kraftwerke erzeugt. Nehmen die Emissionen weiter so zu wie zwischen 1970 und 2010 (Hochrechnung), besteht die Gefahr, dass bis 2030 noch einmal 50 Prozent mehr Treibhausgase in die Atmosphäre strömen.

Forstwirtschaft. Da die Kohlenstoffspeicher Wald und Urwald immer stärker abgeholzt werden, sorgt dieser Prozess mittlerweile für einen Anteil von 18 Prozent an den globalen Emissionen.

Verkehr. Noch gehen »erst« 18 Prozent der klimaverändernden Emissionen auf das Konto von Auto- und Flugverkehr. Aber durch die wachsende Mobilität in den Schwellenländern erhält die Klima-Erosion einen erheblichen Schub, so dass der Verkehr bis 2030 seinen Gasausstoß weltweit um 80 Prozent steigern könnte.

Agrarproduktion. Mit 14 Prozent Anteil am Ausstoß von Kohlendioxid, Methan, Fluorkohlenwasserstoffen und Lachgas ist der Agrarsektor am Klimawandel beteiligt, was auf Brandrodung und chemische Düngung zurückzuführen ist. Voraussichtlicher Anstieg der Emissionen bis 2030: plus 60 bis 65 Prozent.

Der hat zwar schon vielen menschlichen Untaten widerstanden, aber ein »business as usual« wird er nicht wegstecken können. Insofern birgt unsere persönliche Einstellung zur Erde gleichzeitig die größte Gefahr und die größte Hoffnung – denn nicht nur Fabriken und Kohlekraftwerke verpesten mit Milliarden Tonnen CO_2 die Erdatmosphäre, auch Otto Normalverbraucher forciert den Treibhauseffekt tagtäglich: der volle elektrische Wasserkocher für eine Tasse Tee; PC, Radio und Fernseher auf Stand-by; hier eine Stehlampe, da eine Schreibtischlampe, dort eine Designleuchte – Hauptsache lichtdurchflutete Räume; vor der Arbeit noch rasch zur Chemischen Reinigung um die Ecke (mit dem Auto versteht sich); im Büro läuft der PC zehn Stunden lang nonstop; die nächste Dienstreise ist zu planen ... Lieber mit dem ersten oder mit dem zweiten Flieger zurück? Am Abend kommen Freunde zum Essen, also pünktlich Feierabend und ins neue Einkaufszentrum mit Tiefgarage und reichhaltiger Frischfleischtheke; an der Kasse gibt's zwei Plastiktüten für den Einkauf, und dann ab ins mollig warme Heim. Die Gäste sollen sich schließlich rundum wohlfühlen und ihr saftiges Rindersteak sowie den guten Tropfen aus Südafrika genießen ...

Jeder Gegenwind, jedes Zögern in der jetzigen Situation erhöht das Risiko für das Leben auf unserem Planeten.

Können wir wirklich auf nichts von alledem verzichten? Ist uns der Schutz unserer Umwelt, dem auch alle großen Religionen hohe Priorität einräumen, weniger wert als der eingefahrene Komfort, wie z. B. ständiges Autofahren oder die obligatorische Fernreise? Die Alternativen sind gar nicht so schlecht: Umweltfreundlich leben heißt nicht verzichten, sondern besser leben.

Nicht jeder hat eine
Heizung, darum
muss er im Winter
ins Warme fliegen –
der Kuckuck

»Kuckuck, Kuckuck!«,
ruft's noch
aus dem Wald

Wer sich auch nicht an den menschgemachten Klimawandel gewöhnen will, ist der Kuckuck: Pünktlich wie seit eh und je kehrt der Langstreckenflieger ab Mitte April aus seinem Winterquartier südlich des Äquators nach Nordeuropa zurück, um seinen Nachwuchs von den sogenannten Wirtsvögeln ausbrüten zu lassen.

Doch seit einigen Jahren kommt er zu spät, denn viele Vögel wie das Rotkehlchen, der Teichrohrsänger und die Bachstelze haben aufgrund der milderen Durchschnittstemperatur in unseren Breitengraden längst mit der Brut begonnen, weil sie gar nicht mehr in den Süden fliegen. Da hat es das

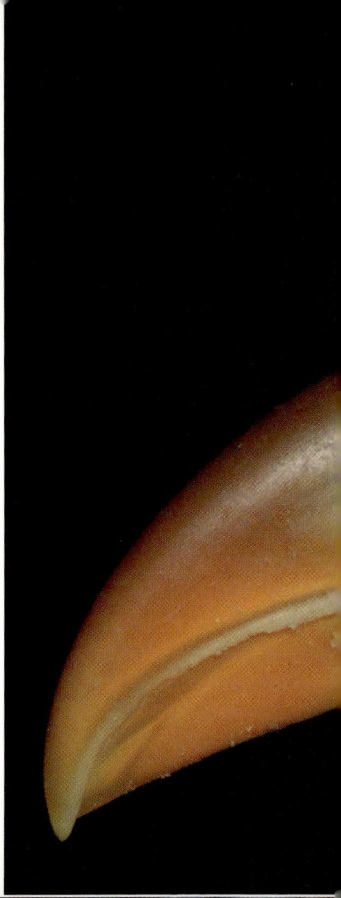

Kuckuckspaar schwer, Nester mit so junger Brut zu finden, dass der frisch geschlüpfte Kuckuck später problemlos seine kleineren Stiefgeschwister aus dem Nest schubsen kann, um die »Nestbewirtung« allein zu genießen. Für den Cuculus canorus wird es eng!

In vielen Teilen West- und Mitteleuropas ist der Kuckuckbestand bereits stark zurückgegangen, denn nicht nur der Klimawandel macht dem populären Vogel zu schaffen, auch Straßenbau und Agrarindustrie rauben ihm die Lebensgrundlage: eine intakte Natur in Mooren, Weide- und Waldgebieten mit einem ausreichenden Nahrungsangebot. Als Insektenfresser bevorzugt der Kuckuck Schmetterlingsraupen und Käfer. Doch der Einsatz von Herbiziden und Insektiziden haben diese Nahrungsquelle großflächig ausgemerzt.

Wenn wir nicht aufpassen, wird der markante Ruf der Kuckuckmännchen bald nur noch aus Schwarzwalduhren ertönen, aber nicht mehr aus unserem heimischen Wald.

Auch anderen Vögeln machen wir das (Über-)Leben schwer. Insbesondere Vögel, die Jahr für Jahr Tausende Kilometer zwischen Brutplatz und Winterquartier zurücklegen müssen, finden an ihren Rastplätzen im Mittelmeerraum nicht mehr genug Nahrung. Grund dafür ist die zunehmende Versteppung der Landschaft im Zuge des Klimawandels. Immer mehr Tiere sind völlig entkräftet und verenden, noch bevor sie die letzte Etappe ihrer Reise überhaupt antreten können.

Zwar lassen sich bislang keine sicheren Voraussagen treffen, wie sich die Vogelwelt in Mitteleuropa im Zusammenspiel mit der Erderwärmung verändern wird. Aber dass die jeweilige Anpassungsfähigkeit der verschiedenen Arten darüber entscheiden wird, wer sie heil übersteht, das steht fest. Und im Moment sieht es so aus, als gehörte der Kuckuck zu den Verlierern ...

Sofortmaßnahmen

I. Wir wollen immer mehr und brauchen immer mehr. Unser Drang nach neuen Konsumgütern produziert einen immer höheren Ausstoß von Treibhausgasen, weil für die Herstellung eines neuen Produkts Ressourcen in Form von Wasser, Gas, Öl, Holz und vielen weiteren Rohstoffen benötigt werden. Knapp 40 Prozent der jährlichen CO_2-Emissionen in Deutschland (11 Tonnen pro Kopf!) gehen auf unser Konsumkonto. Also am besten dreimal überlegen, ob die Neuanschaffung wirklich sein muss, ob es nicht auch der alte Korkenzieher oder ein gebrauchter tut ... Das spart CO_2, Geld – und macht Ihnen das Leben leichter!

II. Doch nicht nur die Herstellung, auch der Versand von Waren setzt CO_2 frei. Daher lieber lokal erzeugte Produkte kaufen – zum Beispiel nicht den Rotwein aus Chile, sondern den guten Roten von der Ahr mit seinem kurzen Transportweg. Oder lokale Mineralwasserquellen bevorzugen – in Glasflaschen!

III. Die Produktion von einem Kilogramm Rindfleisch belastet die Umwelt mit mindestens 36 Kilogramm CO_2; das entspricht dem Konsum von 480 Tassen Kaffee oder 420 Stunden fernsehen oder 250 Kilometer Autofahrt mit einem Mittelklassewagen. Doch obwohl die Treibhausgasbelastung durch die konventionelle Fleischproduktion (Waldrodung für Weide- und Ackerland, Einsatz von Düngemitteln, Methan-Ausstoß von Rindern, tonnenweise Gülle) höher ist als durch den weltweiten Verkehr, nimmt unser Fleischkonsum ständig zu. Sollten wir da nicht lieber leckere Gemüseaufläufe und -eintöpfe auf den Tisch bringen und zum traditionellen Sonntagsbraten zurückkehren, der dann wieder für alle etwas Besonderes ist? Zudem haben ernährungswissenschaftliche Studien gezeigt, dass ein einmaliger Fleischkonsum pro Woche für eine gesunde Ernährung völlig ausreicht.

IV. Auch wenn nicht überall Bio drin ist, wo Bio draufsteht, sind diese Produkte noch immer besser als Lebensmittel aus konventioneller Agrarwirtschaft.

Weiterführende Links:

- www.nabu.de/aktionenundprojekte/vogeldesjahres/2008-kuckuck/
  Kuckuck als Vogel des Jahres 2008; Informationen und Materialien
- www.bund.net/energiesparkonto
  Was man tun kann, um den individuellen Energieverbrauch zu senken
- www.hannesjaenicke.zdf.de

Der Eisbär, dieses größte Landraubtier, das fast 200 000 Jahre lang unbesiegbar schien, steht am Abgrund seiner Existenz, sprich auf der Roten Liste der vom Aussterben bedrohten Arten.

Wenn Eisbären winken

Die USA haben die Jagd auf den Eisbären reglementiert und damit dazu beigetragen, dass sich der Bestand in Alaska erholen konnte. Heute gibt es auf der Erde schätzungsweise 25 000 Exemplare – verteilt auf 20 Populationen. Doch Kanada, Grönland und die Europäer tun offenbar alles, um

den Eisbären endgültig auszurotten: Eisbären werden gejagt und misshandelt, ihr Lebensraum wird verschmutzt, von Menschen okkupiert und ausgebeutet. Der Klimawandel heizt den Tieren die Lebensgrundlage weg, und als letztes Glied in der Nahrungskette sind der Eisbär und seine Nachkommenschaft massiv von Umweltgiften bedroht, die wir in die Weltmeere kippen.

In nur wenigen Jahren ist aus dem stolzen König der Arktis, dem größten an Land lebenden Raubtier der Erde, das traurige Symboltier der globalen Erwärmung geworden. Denn sein Reich schmilzt. Und wenn nicht doch ein menschgemachtes Wunder geschieht, wird in etwa 30 Jahren das letzte Eis am Nordpol und damit der letzte wild lebende Eisbär auf unserem Planeten verschwunden sein.

Nicht jeden stört das, schließlich legt das abnehmende Eis wirtschaftlich höchst attraktive Möglichkeiten frei. Gewaltige Öl-, Gas- und Rohstoffvorkommen werden plötzlich erreich- und förderbar, neue Schifffahrtrouten und lukrative Handelswege tun sich auf. Noch gehören weite Teile der Arktis zu keinem Staat, doch auf einmal melden alle Ansprüche an. Einer der extremsten Lebensräume unserer Erde ist zu einem politischen und ökonomischen Hotspot geworden – und für den Eisbären zur tödlichen Falle ...

Drehtagebuch: 13. November 2008

Auf dem Weg nach Winnipeg

Weiterflug von Toronto nach Winnipeg, nochmal 2½ Stunden. Ankunft spätabends, und hier ist es bereits schweinekalt, so um die minus zehn Grad. Zumindest fühlt es sich nach Marokko, München, Toronto kalt an. Kleine Einstimmung auf das Klima, in dem Eisbären sich wohlfühlen. Obwohl die ja selbst bei minus 25 Grad zur Überhitzung neigen, wie ich gerade gelesen habe, und dann alle viere von sich strecken, sich flach wie ein Kaminvorleger aufs Eis legen, um abzukühlen.

Aber im Gegensatz zu den von Präparatoren bearbeiteten Genossen reißen sie dabei nicht mit gefletschten Zähnen das Maul auf. Und sehen deshalb in freier Wildbahn um so vieles besser aus. Warum die degenerierten Jagdfreunde, die sich einen gehäuteten Eisbären vor den Kamin in ihre Villa legen, auf diese lächerliche Grimasse bestehen, ist mir ohnehin rätselhaft.

Wir schieben unsere Gepäckwägelchen zum Flughafenhotel, der Weiterflug nach Norden geht erst morgens um sieben. Erfreulicher Anblick: Sämtliche Taxis, und die Schlange vor dem Flughafengebäude ist lang, sind Hybrid-Autos von Toyota. In diesem Punkt sind die Kanadier offensichtlich weiter als wir, die Autonation und Benzinvernichtungsmaschinen-Fetischisten mit dem schönen Motto »Freie Fahrt für freie Bürger«. Bei uns

wird der Prius wegen des vermeintlich missratenen Designs und weil er keine 200 km/h schafft, immer noch herablassend belächelt.
Judith Adlhoch und ich reden über Eisbären, Helg Sgarbi und Susanne Klatten, Sigmar Gabriel, verfehlte Klimapolitik, scheiternde Beziehungen und Äthiopien. Da hat Judith gerade gedreht. Fazit: Noch eine Flasche Wein und die Erkenntnis, dass derzeit Spendengelder bei gewissen Umweltorganisationen vielleicht besser aufgehoben sind als bei afrikanischen Hilfswerken. Irgendwie haben wir alle seit Jahrzehnten kräftig dorthin gespendet, von den Milliarden Entwicklungshilfegeldern ganz zu schweigen, und trotzdem kommt dieser schönste und spannendste aller Kontinente nicht so recht auf die Beine.
Judith berichtet von Äthiopiern, die laut und deutlich sagen, dass Spenden in der derzeit praktizierten Form kontraproduktiv sind, die Korruption verschlimmern, an den Folgeschäden der Kolonialisierung nichts verändern und oft nicht diejenigen erreichen, die am dringendsten Hilfe brauchen.
Kompliziertes Thema, wird also verschoben, weil es ab morgen um Klimawandel, Ölmafia, Polkappenschmelze und Eisbären geht.

Beispiel Churchill. An diesem kleinen Ort an der Hudson Bay kämpfen Mensch und Eisbär einen ungleichen Kampf. Hierher führen keine Straßen, doch der Hafen von Churchill ist Kanadas Tor nach Europa – und das südlichste Siedlungsgebiet der Eisbären. Weder Mensch noch Tier geben diesen Küstenstreifen freiwillig auf ... Dabei ist dieser Ort eigentlich nicht für den Menschen gemacht. Im Winter sinken die Temperaturen unter minus 40 Grad, es herrscht vollkommene Dunkelheit, und der Wind fegt mit 120 km/h um die Häuser. Der Eisbär hingegen ist für solche Bedingungen perfekt ausgerüstet und uns daher gewaltig überlegen.

Aber so leicht lässt sich der Mensch nicht unterkriegen, wenn es um seinen wirtschaftlichen Vorteil geht. Also hat man sich in Churchill auf den ungeliebten Nachbarn eingestellt: Überall warnen Schilder vor Eisbären, Lebendfallen sind am Ortsrand postiert, vergitterte Fenster, Schreckschüsse, Notrufnummern, Indoor-Müllkippen und Bärensprays sollen verhindern, dass es zu lebensgefährlichen Auseinandersetzungen kommt. Wenn doch, enden sie meist tödlich. Aber nur für den Eisbären. Für den Menschen ist es Abenteuerspielplatz und Touristenattraktion, für den Eisbären bitterer Ernst.

Kaum einer blickt so kompetent hinter die Kulissen in Churchill und besitzt so große Erfahrungswerte im direkten Kontakt mit Eisbären in ihrem Lebensraum wie der Arktis- und Bärenexperte Matthias Breiter. Der gebürtige Deutsche lebt seit über 20 Jahren im Reich der Eisbären. Hartnäckig versucht er mit seinen Projekten, ihren Lebensraum, ihre Gewohnheiten und Bedürfnisse kennenzulernen. Denn nur so, davon ist Matthias Breiter überzeugt, kann es gelingen, dass Mensch *und* Eisbär auf diesem Planeten überleben.

Was seit einigen Jahren in der Arktis und insbesondere in Churchill passiert, sieht er extrem kritisch: Hier hat sich der Mensch mitten auf der Wanderroute des Eisbären angesiedelt. Der Konflikt ist vorprogrammiert …

Seit Bestehen der Arktis, dem von Landmassen umgebenen Ozean, wiederholt sich Jahr für Jahr das gleiche Schauspiel: Das eisige Reich der Eisbären wächst und schrumpft.

Drehtagebuch: 15. November 2008

Winnipeg, Manitoba

George Bush und sein Innenminister haben kürzlich zwar mit lautem PR-Getöse Eisbären in den USA auf die »endangered species list« gesetzt, bravo, aber gleich eine Woche danach Ölbohr-Lizenzen in Alaska im Wert von 2,6 Milliarden Dollar verkauft. Kanada benimmt sich um keinen Deut besser als »God's own country«: Hier steht der Eisbär nicht einmal auf der Liste der gefährdeten Tierarten, er darf sogar noch gejagt werden. Hier wird unter Inkaufnahme schlimmster Umweltschäden Ölsand gefördert, Urwälder werden kahl geschlagen, die Meere leer gefischt, die Subventionierung von Solarenergie wird abgeschafft, die Erschließung neuer Bodenschätze ohne Rücksicht auf Natur und Umwelt genehmigt, vor allem im arktischen Norden des Landes. Also genau da, wo wir gleich hinfliegen.

Gemeinsam mit etwa 50 wohlhabend wirkenden, zumeist älteren Touristen besteigen wir einen Reisebus vor dem Hotel und werden zu einem kleinen Flughafen am Rande Winnipegs gekarrt. Dort besteigt die ganze Touristenhorde, Judith und mich eingeschlossen, eine alte Propellermaschine einer Airline namens »Nolinor«. Abgesehen von den allseits sichtbaren Thermoklamotten und der klapprigen Maschine wirkt hier alles wie beim Besteigen eines Kreuzfahrtschiffes. Leicht verwundert stellen wir fest, dass

Churchill ganz offensichtlich ein begehrtes Ziel für zahlungskräftige Bärenliebhaber fortgeschrittenen Alters ist. Schon im Bus laufen auf diversen Monitoren Eisbärenvideos, eine stramme Reiseleiterin trägt auf ihrer Daunenweste das Logo »Frontiers North« mit süßen Eisbärchen drauf. Aus der Traum vom wilden Filmen wilder Tiere in der wilden einsamen Arktis. Egal, wir machen ja keinen schnuckeligen Tierfilm, sondern Weltverbesserung. Also werden wir den Luxustourismus zu den letzten Vertretern der weißen Bären in Judiths Drehbuch einbauen.

Der Flug in der »Nolinor«-Maschine geht über endlose, unbewohnte Prärie. Es gibt keine Straße nach Norden, sondern nur diesen Flug oder eine fast viertägige Bahnfahrt. Auf dieser Bahnstrecke wird alles, was in der Hudson Bay und Churchill benötigt wird, gen Norden gekarrt.

Von rund 15 Millionen Quadratkilometern im winterlichen März auf etwa 7 Millionen Quadratkilometer im sommerlichen September. In dieser Zeit kann der Eisbär nicht jagen, und Hunderte von hungrigen Eisbären sammeln sich an der Küste von Churchill, wo das Eis zuerst wieder zufriert. Sobald es trägt, können die Eisbären auf Robbenjagd gehen und ihre Fettdepots auffüllen, die im Sommer empfindlich geschrumpft sind. Doch aufgrund der Klimaerwärmung friert das Eis jetzt immer später zu. Inzwischen dauert es schon drei Wochen länger als noch vor 20 Jahren. Haben Sie schon mal drei Wochen lang gehungert? Die völlig ausgehungerten Eisbären lässt jeder Tag, den sie länger mit der Jagd warten müssen, unruhiger und aggressiver werden.

Übergriffe auf die Menschensiedlungen häufen sich. Um das Problem aus der Welt zu schaffen, greift der Mensch einfach zur Waffe. Bis heute ist das Abschießen von Eisbären in Kanada legal. Aber in Churchill weiß man, dass auch mit lebenden Eisbären ein gutes Geschäft zu machen ist.

So haben die weißen Riesen Churchills Wirtschaft gewaltig angekurbelt: Zur sechs- bis achtwöchigen Eisbärensaison im Herbst pilgern inzwischen rund 10 000 Touristen aus aller Welt in den Tundra-Ort im Nirgendwo, mieten sich zu horrenden Preisen in windige Motels ein, kaufen knuddelige Eisbärsouvenirs und gehen in monströsen Tundra-Buggys auf »Polar Bear Sightseeing«. PR-geschulte Wissenschaftler demonstrieren plakativ die neuesten Forschungsergebnisse vor Schulklassen, Studenten und Eisbärliebhabern. Gegen Bares, versteht sich ... Gut 60 Millionen kanadische Dollar werden in der kurzen Eisbärensaison erwirtschaftet.

Doch dass die Tiere in dieser Invasionszeit empfindlich in ihrem ohnehin erschöpften Energiehaushalt gestört werden, dass trächtige Bärinnen in dem Tumult immer schwerer ihre Wurfhöhlen graben können und dass wilde Tiere für gelungene Fotoaufnahmen heimlich und illegal angefüttert werden, das wird geflissentlich verschwiegen. Nach außen wird in Churchill der Schutz des Eisbären gepredigt, während unbequeme »Problembären« entsorgt werden …

Drehtagebuch: 16. November 2008

Churchill, Flughafen

Die Ankunftshalle ist voller Tourist Guides, die ihre Klientel abholen, in Vans verfrachten und in ihre Hotels und Lodges fahren. Polar bears all inclusive.
In einem riesigen Glaskasten hängt kopfüber ein gewaltiger Eisbär mit aufgesperrtem Rachen, darunter auf einem polierten Messingschild der Name des stolzen Jägers, der das gute Tier erlegt hat. Wieder einer weniger. An einem Stand verkauft ein älterer Herr Eisbärprodukte: Krallen, Zähne, zum Teil zu Schmuck verarbeitet, niedliche Stoffbärchen, Coffee mugs mit Bärenkonterfei. Sämtliche Schilder in der Halle sind zweisprachig: Englisch und Inuktitut, dessen Schrift wunderschön exotisch aussieht, ein wenig wie nordamerikanische Indianerschriften.
Draußen stürmt es bei minus 22 Grad. Hier vergeht selbst mir die Rauchlust. Willkommen im kanadischen Winter. Sehr viel erfreulicher endet der Versuch, unsere Handys einzuschalten: Es gibt kein Netz. Keine Anrufe, keine E-Mails, SMS, nichts. Das unverwüstliche alte Outdoor-Handy wird zum Wecker degradiert. Wunderbar. Zumindest bis wir zurückkehren in die Zivilisation, oder was immer wir dafür halten.

Seit 1980 gibt es in Churchill das »Polar Bear Alert Program« – eine bewaffnete Ranger-Patrouille, die das ungeplante Aufeinandertreffen von Mensch und Eisbär verhindern soll. Wird ein Eisbär gesichtet, der aggressives Verhalten zeigt oder direkt auf den Ort zuhält, wird zunächst versucht, ihn mit Warnschüssen zu vertreiben. Wenn das nichts nützt, wird er mit einem Narkoseschuss betäubt, markiert und ins Eisbärengefängnis von Churchill verfrachtet. Der Knast bietet Platz für 28 Tiere, die hier bei gewollt kargen Bedingungen eingesperrt werden. Außer Wasser und Neonlicht gibt es nichts. Die Eisbären sollen den Gewahrsam in möglichst schlechter Erinnerung behalten, um Churchill in Zukunft fernzubleiben. Eine menschliche Erziehungslogik, die bei den Tieren nicht unbedingt greift. Doch auch hierfür hat man Ideen: Wird ein Eisbär zum vierten Mal eingefangen, gilt er als »Problembär« und wird an einen Zoo verkauft. Erstaunlich. Denn immerhin sind in der CITES[11]-Datenbank seit einigen Jahren keine Zooverkäufe von Eisbären aus Kanada verzeichnet. Laut der international tätigen Organisation »Zoocheck« erfüllte sogar seit 1998 keiner der – durchaus vorhandenen – Interessenten die strengen Standardauflagen für Eisbärenhaltung. Dennoch landen Bären aus Churchill weltweit in Zoos. Aber offiziell wurde in Churchill ja auch seit über 20 Jahren kein Bär mehr erschossen ...

Hier wird offenbar gelogen und getrickst, was der Bär hergibt. Zumal CITES einen sprunghaften Anstieg des – zum größten Teil illegalen – Handels mit Eisbärtrophäen verzeichnet. Rares wird eben teuer. Was also passiert wirklich mit den »Problembären«? Tod durch Erschießen? Oder Abschiebung in einen tropischen Zoo?

Diese gehören jedenfalls zu den Hauptabnehmern von »Problembären« aus Churchill. Je heißer die Temperatur, desto größer die Exotik – und das Leiden des Arktisbewohners. Sein Körper ist nicht für ein Dasein in der Wärme geschaffen. Eisbären besitzen keine Schweißdrüsen und können nur über die Zunge transpirieren. Bei zu großer Hitze kann der Eisbär innerlich verkochen.

Drehtagebuch: 17. November 2008

Churchill

»The compound«, wie Shaun, Beamter der Behörde des Polar Bear Alert Program, die Anlage nennt, sieht aus wie ein kleiner Hangar: ein fensterloser, halbrunder Wellblechkasten etwas außerhalb der Stadt, ca. 50 Meter lang und 20 Meter breit. Wir taufen ihn sofort Eisbärenknast. Die einzigen Öffnungen sind ein schwer gesichertes Tor und schmale Belüftungsschlitze an den Längsseiten. Wir wollen natürlich hinein und die dort einsitzenden Bären filmen, aber das ist verboten, wie Shaun uns lachend erklärt.

Begründung: Die Bären sollen sich nicht an Menschen gewöhnen. Wie viele sind da gerade drin? Zwei, sagt Shaun. Einen hätten sie bei der Müllhalde von Churchill gefangen, den anderen in der Stadt, beim Versuch, in eine Vorratskammer einzubrechen.

Wie lange sind die Tiere schon in der facility? »A couple of weeks«, lautet die wenig präzise Antwort. Ist der Bau innen beleuchtet?

»Yeah. There's neon light in there.«

Gemütlich, denke ich. Und werden die Tiere da drin auch gefüttert? »God no. We don't want them to like it here, do we?« Lautes Gegacker. Das größte Landraubtier der Welt wochenlang ohne Nahrung unter Neonröhren da drinnen einsperren? Ich hake nach. »Don't worry, we'll fly 'em out tomorrow.«

Das heißt, die Tiere werden morgen wieder betäubt und per Heli-

kopter weit nach Norden geflogen und auf dem Eis freigelassen. »You can film that if you want.« Gelächter. Gerne, sage ich. »Well, be here at nine.« – »Perfect«, sage ich. Wir betrachten noch eine Weile den gruseligen Kasten und fahren weiter zu einer von Shauns Eisbärenfallen. Die stehen über die Stadt verteilt und sehen aus wie große, umgekippte Boiler oder Öltanks. Shaun öffnet die Klappe am unteren Ende einer Falle und zeigt hinein: Am anderen Ende des »Boilers« hängt ein großes, dank der Temperatur gefrorenes Stück Robbenfleisch an einer Drahtseilvorrichtung. Das lockt den Bären an, er krabbelt in den Behälter, und sobald er versucht, das Fleisch abzureißen, fällt hinter ihm die Klappe zu – und er ist gefangen. Im Prinzip eine überproportionierte Mausefalle, minus Genickbruch. Shaun kontrolliert diese Fallen täglich, und wenn ein Bär gefangen ist, holt er Verstärkung und transportiert das Tier zum Eisbärenknast.

Stößt das Eisbärengefängnis in Churchill zur Hauptsaison an seine Kapazitätsgrenzen, werden die Tiere wie in einem Showact »entsorgt«. Per Helikopter rund 40 Kilometer an die nördliche Küste. Ein Service, der die Provinz Manitoba eine Stange Geld kostet, aber gute Presse und Besucher bringt. Die Eisbären werden betäubt, in überdimensionale Netze gepackt, die Augen zum Schutz vor Wind und Kälte mit Vaseline eingeschmiert und dann ausgeflogen. Über 100 Eisbären werden pro Saison in Churchill eingefangen und wieder ausgesetzt.

Drehtagebuch: 18. November 2008

Churchill

Churchill liegt an dem gleichnamigen River, in dessen Mündungsgebiet die Bären den eisfreien und nahrungslosen Sommer verbringen. Die Tiere kommen bis zu acht Monate lang ohne Fressen aus, weil sie sich im arktischen Winter dank ausschließlicher Ernährung durch tierische Fette bis zu 40 Prozent ihres Körpergewichts zusätzlich anfuttern.

Ende September bewegen sie sich dann an die Küste der Hudson Bay, um aufs Eis zu ziehen und Robben an deren Luftlöchern aufzulauern. Und genau da liegt das Problem: Durch die Klimaveränderung friert das Meer immer später zu, in der Regel erst gegen Mitte/Ende November, und taut wesentlich früher wieder auf, in den letzten Jahren schon im März/April statt wie früher im Mai/Juni. Dadurch wird die Jagdsaison der Eisbären immer kürzer, und die Tiere hungern entsprechend.

Das führt dazu, dass insbesondere die Weibchen immer dünner und schwächer werden und immer weniger Junge bekommen.

In Churchill lungern sie dann herum und warten geduldig aufs Zufrieren der Hudson Bay. Während der Warterei suchen sie nach Nahrungsmitteln, vornehmlich im Müll menschlicher Siedlungen. Gelegentlich brechen sie auch in Häuser ein, weil sie die Lebensmittelvorräte riechen, oder sie lecken alles auf, was nach Fett oder

Öl riecht und schmeckt: Getriebeöl, Servolenkungsflüssigkeit, Speiseöle.

Der Tourismus-Boom in Orten wie Churchill entstand durch das immer schnellere Verschwinden des arktischen Eises: Die Bären sind gezwungen, hungernd an der Küste auszuharren. Sie sind zwar hervorragende Schwimmer, aber zu langsam, um Robben im Wasser zu erlegen, und vom Energiehaushalt her nicht in der Lage, um dem Eis entgegenzuschwimmen.

Davon profitieren nun die menschlichen Bewohner dieser menschenfeindlichen Gegend. Zum großen Teil sind sie sogar wegen des Geschäfts mit den anreisenden Tierliebhabern hierhergezogen und verdienen bestens am Elend der Bären.

Wenn sich Eisbärfreund Matthias Breiter den Eisbären in der verschneiten Tundra nähert, dann meistens zu Fuß und mit Waffe. Er respektiert den König der Arktis als wildes Tier. Er kennt die wichtigsten Verhaltensregeln im Umgang mit Eisbären. Sein Wissen hat ihn schon oft vor gefährlichen Begegnungen bewahrt, weshalb er die Waffe noch nie einsetzen musste.

Eisbären zählen zu den anpassungsfähigsten Säugetieren.

Eisbären sind außergewöhnliche Tiere. Sie zählen zu den anpassungsfähigsten Säugetieren, können ihrer Beute über Hunderte Kilometer laufend und schwimmend folgen – und die begrenzten Nahrungsressourcen im arktischen Lebensraum ließen sie zu Meistern des Fastens werden. Bis zu acht Monate leben Eisbärenweibchen, ohne zu fressen, ohne zu trinken, sogar monatelang, ohne zu urinieren. Diese für Raubtiere einzigartige Askese überstehen die Bären allein durch Anfressen gewaltiger Fettreserven in ihrer Jagdperiode und dank eines optimierten Stoffwechsels. In einem extremen Fall legte eine hagere Bärin von 97 Kilo Gewicht in wenigen Monaten auf 505 Kilo zu. Sie hatte sich acht Zentner Fett angefressen, um die Fastenzeit zu überstehen und ihren kommenden Nachwuchs zu säugen. Zur Schonung ihres Fetthaushalts zögern trächtige Eisbärinnen die Embryonenentwicklung sogar über vier bis fünf Monate hinaus, bis sich im September das befruchtete Ei im Uterus einnistet.

Das allmähliche Aussterben der Eisbären trifft zunächst die Jungtiere. Nur noch etwa 50 Prozent der Eisbärenbabys werden älter als zwei Jahre. Wegen des Klimawandels verkürzen sich die Jagdperioden, so dass sich die Mütter deutlich weniger Fettreserven anfressen können und entsprechend wenig Milch produzieren. Inzwischen müssen die Babys bereits 30 Monate gestillt werden, um mit genügend Kraft von der Mutter loszukommen. Vor 20 Jahren wurde noch fast jedes zweite Eisbärenbaby nach 18 Monaten abgestillt.

Nur noch etwa 50 Prozent der Eisbärenbabys werden älter als zwei Jahre.

Die Jungtiersterblichkeit erhöht sich aber auch dramatisch aufgrund von Schadstoffen in der Muttermilch: Der Eisbär steht am Ende der arktisch-marinen Nahrungskette – in ihm potenzieren sich also sämtliche Umweltgifte, allen voran Pestizide, Düngemittel und PCBs. Polychlorierte Biphenyle wurden bis Ende der

1980er-Jahre vielfach in der Industrie verwendet, zum Beispiel in Kondensatoren und als Weichmacher in Lacken. Heute sind PCBs zwar international geächtet, doch infolge von Havarien und unsachgemäßer Abfallentsorgung haben sie sich längst im Boden, im Wasser wie in der Atmosphäre verbreitet. PCBs sind kaum biologisch abbaubar, aber gut fettlöslich, weshalb sie sowohl über die Haut als auch über die Nahrung aufgenommen werden können und sich nach und nach im Fettgewebe anreichern. Das hat extreme Folgen für den Eisbären, denn PCBs sind nicht nur krebserregend, sie führen auch zu Veränderungen im Hormonhaushalt: Geschlechtsorgane mutieren, die Fortpflanzungsfähigkeit nimmt ab. Immer mehr Eisbären werden bereits als Hermaphroditen geboren, die sich nicht mehr fortpflanzen können.

Immer mehr Eisbären werden bereits als Hermaphroditen geboren, die sich nicht mehr fortpflanzen können.

Vor der Industriekulisse des Hafens von Churchill erläutert Matthias Breiter die künftigen Hauptbedrohungen für den Eisbären: Die Weltmeere sind leer geplündert, der Bedarf an Fisch steigt und damit dessen Preis. Die Polarmeere sind Lebensraum für die letzten bislang kaum berührten Fischbestände auf unserer Erde. Die Hudson Bay wird zwar noch nicht kommerziell befischt, aber das ist nur noch eine Frage der Zeit. Dann wird der Eisbär auch noch um seine Nahrungsgrundlage gebracht, denn wo keine Fische sind, wird es auch keine Ringelrobben für den Eisbären mehr geben. Er wird schlicht und ergreifend verhungern.

Er wird schlicht und ergreifend verhungern.

Mit der Eisschmelze hat sich im Sommer 2008 eine noch nie da gewesene Situation ergeben: Zum ersten Mal sind die Nordost- und die Nordwestpassage gleichzeitig für Schiffe befahrbar.

Drehtagebuch: 19. November 2008

Churchill

Nach dem Mittagessen sind wir mit unserem Eisbärexperten Matthias Breiter verabredet. Er beschäftigt sich seit Jahren mit Bären und ist pünktlich wie ein deutscher Maurer am verabredeten Treffpunkt, dem heruntergekommenen, komplett vereisten und zugefrorenen Hafen. Ich stelle meine Fragen zum Thema Überlebenschancen der Bären, Klimaveränderung, verschwindendes Eis, und wie immer in diesen Tagen verstehe ich selbst nicht, was ich sage. Mein Mundwerk verweigert bei diesen Temperaturen eisern seinen Dienst. Matthias versteht mich irgendwie und gibt präzise, wissenschaftlich trockene und leidenschaftslose Antworten.

Das Eis kommt im Herbst zu spät, schmilzt im Frühjahr zu früh, und ja, es sieht schlecht aus für Ursus maritimus. Aha. Aber obwohl sämtliche ernstzunehmenden Klimaforscher und Wissenschaftler der Welt dasselbe sagen, nämlich dass die Menschheit die Polkappen per CO_2 und Methan wegheizt und damit eine Katastrophe herbeiführt, ignorieren Politik, Industrie und wir Konsumenten diese Erkenntnisse in geradezu atemberaubender Manier. Es wird munter grün und umweltbewusst gelabert, und passieren tut nichts. Gar nichts. Außer sinnentleerten Diskussionen über grünen Punkt, Dosenpfand, Bio-Sprit usw.

Der CO_2-Ausstoß steigt weltweit in beängstigendem Tempo an, ebenso wie Müllproduktion, Energiekonsum und alles, was sonst Natur und Umwelt zerstört. Deutschland ist der sechstgrößte CO_2-Emittent der Welt, redet sich aber eifrig und erfolgreich ein, umweltmäßig ganz weit vorne zu sein, wenn nicht gar Weltführer. Wir sind Umwelt!

Das Eis ist offen und damit der Weg zu den in der Arktis vermuteten Rohstoffreserven frei. Ein Bombengeschäft. Warum also auf erneuerbare Energien umsteigen, wo doch im (ehemaligen) Reich der Eisbären Öl und Gas en masse nur darauf warten, von uns in die Atmosphäre gepustet zu werden?

Aber wir haben nicht nur einen Sinn fürs Geschäft im Eisbärenland, sondern auch ein Herz für Tiere. Insbesondere für ein knuddeliges Eisbärenkind namens Knut (5.12.2006–19.3.2011).

Mit Knut entdeckte die Nation ihre Liebe zum Ursus maritimus, vielleicht auch, weil der kleine Knutschbär von einem sympathischen Menschen aufgezogen wurde. Seine Mutter konnte ihn nicht säugen. Wen wundert's? Schließlich ist Knuts Mama Tosca vor 20 Jahren in Churchill zur Welt gekommen, gefangen, an den ehemaligen DDR-Staatszirkus verkauft und schließlich als Konkursmasse verschachert worden.

Sohn Knut aber geriet zum Medienphänomen, wurde internationaler Titelheld, Fernseh- und Kinostar: »Cute Knut« begeisterte die Welt von Australien bis Afrika, bescherte dem Berliner Zoo Besucherzahlen in Rekord- und Einnahmen in Millionenhöhe,

die Aktienkurse verdoppelten sich, das Merchandising-Geschäft brummte.

Eisbär Knut unterstützt den Artenschutz. Ja, man muss ihm nur den weißen Rücken lecken und ihn als Sondermarke auf einen Brief pappen – schon fließen 25 Cent Zuschlag für den Erhalt der biologischen Vielfalt. »Ohne Eis kein Eisbär«, diese Formel gab Knuts Patenonkel, Bundesumweltminister a. D. Sigmar Gabriel, immer wieder mit der Bärenmarke aus.

Aber wie groß ist die Liebe der Deutschen zum Eisbär wirklich? Warum darf man ungestraft Jagd auf eine aussterbende Art machen?

Drehtagebuch: 20. November 2008

Churchill

Abends gehen wir mit Brian, einem Hundezüchter, den wir zufällig kennengelernt haben, in »Gypsies Coffeeshop & Bakery«, unserem Stammlokal, essen. Er macht uns Komplimente für unsere unaufdringliche und geduldige Art zu drehen. Kürzlich sei nämlich ein Kollege von uns aus Deutschland hier gewesen – »I forgot his name« –, den die Polizei höchstpersönlich zum Flughafen eskortiert und aus Churchill rausgeschmissen habe: Er hatte offene Fischdosen auf sein Auto gestellt, um die Eisbären anzulocken und sie bequemer filmen zu können. Das Anfüttern wilder Tiere ist in ganz Kanada aus verständlichen Gründen streng verboten.

Wir wissen, von wem er spricht. Wir wissen aber auch, dass dieser Tierfilmer beste Einschaltquoten hat und mit der gespielten Masche, ständig in scheinbar lebensgefährlicher Nähe seiner wilden Filmobjekte zu sein, beim Publikum bombig ankommt. Selbst wir sind auf seinen Eisbärenfilm hereingefallen: Sensationelle, aus allernächster Nähe gedrehte Bilder eines Bärenweibchens mit seinen Jungen – und unser Kameramann Markus träumte bis zum heutigen Abend davon, Ähnliches vor das Objektiv zu kriegen, ohne dabei angefallen oder gar in Stücke gerissen zu werden. Aber als Brian berichtet, der Kollege habe sich einfach

in der teuersten aller Wildlife Lodges unweit von Churchill eingemietet und die Bärenmutti quasi aus dem Hotelzimmer heraus gefilmt, fällt Markus die Kinnlade herunter.
»Naah, dös gibt's a net!«, entfährt es ungläubig seinem bayrischen Mundwerk. Traurigerweise sind wir während unserer Dreharbeiten auch in anderen Ländern immer wieder über die verbrannte Erde gestolpert, die dieser Kollege hinterlässt. Es hat die Dreharbeiten nicht gerade vereinfacht, immer mussten wir erst beweisen, dass man auch anders arbeiten kann.
Brian petzt weiter: dass alle Unternehmen, die hier vom Eisbärentourismus leben, bei Bedarf die Bären selbstverständlich mit Robbenfett anlocken oder anfüttern, er selbst auch. »But at least I admit it!«, sagt er lachend. Er verfüttert den Bären eine Minimaldosis, so dass sie in der Nähe seiner Hundezucht bleiben, aber trotzdem sofort abhauen, wenn das Wasser der Hudson Bay zufriert und sie auf Robbenjagd gehen können. Aber sie tummeln sich lange und zuverlässig genug bei ihm, dass er von dem Geld, das Touristen ihm für den Besuch seiner Hunde (und Bären) zahlen, leben und seine Zucht betreiben kann.
Auch konstatiert Brian, dass niemand, aber auch wirklich gar niemand hier im Ort auch nur einen Pfifferling für den nachhaltigen Schutz der verbleibenden Bären geben würde: »Nobody gives a flying fuck about their survival.« Sie sind hier nichts weiter als Viecher, mit denen sich ein Vermögen verdienen lässt, solange es

sie eben gibt. Wenn die Eisbären eines Tages verschwunden sind, würde man auf etwas anderes umsatteln, z. B. Öl. Es gebe jetzt bereits konkrete Pläne, Churchill mit seinen bisherigen 900 Bewohnern für 60 000 Einwohner auszubauen: Sobald das Eis weit genug geschmolzen und die Polkappe weit genug zusammengeschrumpft ist, um Öltanker im Hafen aus- und einlaufen zu lassen, wird aus dem Eisbärenkaff in kürzester Zeit eine Boomtown. Wie zu Goldrauschzeiten. Dann können kanadische Ölkonzerne (und ihre amerikanischen, russischen, norwegischen, englischen und holländischen Konkurrenten) endlich das Öl und Gas direkt aus dem Meer fördern, direkt in die Tanker verladen und abtransportieren. Man bräuchte nicht einmal eine Pipeline! Ein feuchter Traum für Esso, Shell, BP und Konsorten.

Und ein Albtraum für die Umwelt, denke ich. Im Gegensatz zu uns Sentimentalisten freuen sich die arktischen Anrainerstaaten über die Erderwärmung und die damit einhergehende Erschließung gewaltiger Öl- und Gasvorkommen, die das ehemals ewige Eis bisher unzugänglich gemacht hat. Und genau wie bei der Ölsandförderung in Alberta, einem der größten Umweltverbrechen der Erde, werden die Folgeschäden beflissentlich ignoriert, verleugnet, zugunsten milliardenfachen Profits unter den Teppich gekehrt.

Drehtagebuch: 21. November 2008

Churchill

Wir interviewen Matthias Breiter noch einmal offiziell vor laufender Kamera. Das Wetter ist fantastisch, strahlend blauer Himmel bei minus 25 Grad. Wir postieren uns an der Mündung des Churchill River, am Strand sozusagen. Faszinierenderweise treiben die wenigen kleinen Eisbrocken, die im Meer herumschwimmen, flussaufwärts. Matthias erklärt, die Flut komme gerade herein und drücke das Eis gegen die Strömung des Flusses. Und er bestätigt, dass die Hudson Bay vor zehn Jahren im Schnitt zwei Wochen früher zufror als jetzt. Und im Frühjahr ebenfalls ein bis zwei Wochen später wieder auftaute. Das verkürze jetzt die Jagdsaison der Bären so, dass die bekannten Effekte eintreten: weniger Körperfett, anfälligere Tiere, verringerte Milchproduktion bei den Weibchen, immer weniger Junge, von denen immer mehr verhungern, weil die Mütter sie nicht mehr ernähren können. Vor zehn Jahren sah Matthias auch regelmäßig Weibchen mit drei Jungen. Das sei jetzt eine absolute Seltenheit. Jetzt werfen sie maximal zwei, von denen eines in der Regel den ersten Winter nicht überlebt. Und nur 50 Prozent der Jungtiere überleben das vierte Lebensjahr.
Ich tröste mich vorübergehend mit der Tatsache, dass es sowohl dem Berliner wie dem Nürnberger Zoo gelungen ist, Eisbären zu züchten. In weiteren zehn Jahren wird es hier oben in der Arktis

vermutlich nur noch so wenige Exemplare geben, dass man diese dann auch auf schnuckelige Namen wie Flocke und Knut taufen kann. Oder Flöckchen, wenn Matthias recht haben sollte mit seiner Beobachtung, dass die Bären immer dünner, kleiner und schwächer werden. Das hat auch damit zu tun, dass die Eisbärenjäger bevorzugt große Männchen schießen, die für eine gesunde Fortpflanzung und Arterhaltung existenziell wichtig sind. Man will ja schließlich das Objekt seiner Begierde nicht auf einem popeligen kleinen Bärenfell, sondern auf einem besonders üppigen Exemplar vor dem Kamin beeindrucken. Oder es verhält sich wie bei den Grasstreifenpiloten auf der linken Spur bundesdeutscher Autobahnen: Je bescheidener die Unterhose bestückt ist, desto größer muss das Auto sein, mit dem man den Vordermann einschüchtern und vor sich hertreiben will. »Size does matter«, auch beim Bärenfell, das werden wir wenige Tage später von einem Pelzhändler in Winnipeg vorgerechnet bekommen ...

Drehtagebuch: 22. November 2008

Souvenirladen in Churchill

Hier gibt es sogar Eisbärenschmuck: Halsketten, Armbänder, Amulette, bestückt mit den Krallen und Zähnen des aussterbenden Tieres. Ein Halskettchen mit einer einzelnen Kralle kostet 198 Kanadische $, eines mit einem Zahn daran immerhin noch 60 $. Ich rechne kurz hoch: pro Tier 20 Krallen ... macht knapp 4000 $, ein Bombengeschäft. Warum um Himmels willen wird dieser Quatsch nicht verboten? Es ist doch laut CITES-Bestimmungen auch seit 30 Jahren schon nicht mehr erlaubt, Muscheln, Schildkrötenpanzer, Korallen, Raubkatzenfelle u. Ä. durch den Zoll zu nehmen!

In wenigen Jahrzehnten, wenn es keine Eisbären mehr gibt, werden diese Preziosen vermutlich sowohl pekuniär als auch wissenschaftlich so wertvoll sein wie heute Dinosaurierknochen und Mammutstoßzähne. Und wie bei allem, was mir nicht in den Kopf geht: Es ist der Verbraucher, der den Markt treibt. Solange Leute für Eisbärenkrallen, -zähne, -felle bereitwillig zahlen, wird weitergejagt. Solange deutsche Autofahrer es chic finden, per Geländewagen die Kö, den Kudamm oder die Maximilianstraße rauf- und runterzufahren, wird die Autoindustrie diese Kisten bauen und verkaufen. Solange wir T-Shirts für 5 € erstehen wollen, werden in Indien, China und anderswo Kinder in den Textilfabriken arbeiten. Und solange wir billigen Thunfisch auf dem Salade niçoise oder in der Sushi-Bar serviert bekommen wollen, werden die Meere weiter leer gefischt. So einfach ist das.

WESTFALIA
Jagdreisen
WESTFA
Jagdreise

In Deutschland bieten Jagdveranstalter für ca. 40 000 Euro den »Inbegriff höchster jagdlicher Herausforderung« an: das Abknallen eines Eisbären. Die Jägerforen im Internet sind ein widerliches Sammelbecken von abartigen Selbstdarstellern und Waffenfreaks. Videos von abgeschossenen Eisbären kursieren genauso wie Bilder von zerfleischten Jägern. Ein Schlachtfeld, das offensichtlich längst noch nicht ausgeschlachtet ist: Warum wird der Eisbär beim EU-Artenschutzabkommen immer noch als »B-Art« geführt, als Tier, dessen Trophäe man in Deutschland ohne spezielle Dokumente als »Haushaltsgegenstand« einführen darf?

> *»Jagdtrophäen von Anhang B-Arten können grundsätzlich mit der Originalausfuhrgenehmigung des Ursprungslandes als persönliche oder Haushaltsgegenstände aus Nicht-EU-Staaten eingeführt werden. […] Die Erleichterung für die Einfuhr von Anhang B-Arten liegt darin, dass ein Einfuhrdokument des BfN in den Fällen des persönlichen Gebrauchs nicht mehr erforderlich ist.«*[12]

In den USA ist es Jägern seit Mai 2008 nicht mehr erlaubt, Trophäen einzuführen. Die ungewohnte deutsche Nachlässigkeit in dieser bürokratischen Angelegenheit – immerhin steht im Bürgerlichen Gesetzbuch, dass Tiere *nicht* als Sachen gewertet werden dürfen – macht die Bundesrepublik zum Hauptimportland von makabren Eisbärentrophäen wie Fellen, Schädeln, Häuten und Krallen. Rund 800 Bären müssen bei der Jagd offiziell jedes Jahr ihr Leben lassen – doch die Dunkelziffer dürfte weitaus höher sein. Denn die arktischen Ureinwohner, die Inuit, verkaufen ihre Jagdlizenzen für horrende Summen an zahlungskräftige Ausländer.

Die Schizophrenie, gefährdete Arten hier zu schützen und da abzuschießen, kennzeichnet den Umgang des Menschen mit Eisbären. Trotz der alarmierenden Bedrohung wird der Eisbär gejagt – nicht aus Notwendigkeit, sondern aus purer Lust am Töten. In Kanada, aber auch in Grönland darf der Eisbär (wieder) ganz offiziell abgeknallt werden.

Die wenigen Jagdauflagen sind ein bürokratischer Witz. Wer kontrolliert schon in den endlosen Weiten der Arktis, ob die Bären wie vorgeschrieben mit Schlittenhunden oder doch mit Motorschlitten gehetzt werden? Wer überprüft, wie viele Jagdlizenzen unter der Hand von den einheimischen Inuit verkauft werden – wer überwacht überhaupt, wie viele Eisbären geschossen werden? Niemand.

Wenn wir so weitermachen wie bisher, wird der Eisbär nicht überleben. Und seit März 2010 ist es jetzt auch hochoffiziell: Die Artenschutzkonferenz hat den Antrag der US-Vertreter, den internationalen Handel mit dem Eisbär und den Eisbärteilen verbieten zu lassen, abgelehnt – mit den profitlechzenden Stimmen der arktischen Staaten und der Europäischen Union. Absurder geht's wohl kaum: Da verbietet die tierliebe EU jegliches Produkt der Robbenjagd – eines nicht einmal bedrohten oder gefährdeten Tieres –, während die wirtschaftsverliebte EU den gefährdeten Eisbär zum Abschuss freigibt.

Wenn wir so weitermachen wie bisher, wird der Eisbär nicht überleben.

Man mag von Sportjägern, Großwildjägern und ihrem blutrünstigen Hobby halten, was man möchte, aber sie sind nur ein kleiner Baustein im Aussterben der Eisbären. Das wahre Problem

sind wir! Denn unser Energiekonsum ist zu einer tödlichen Sucht geworden. 20 Prozent der Weltbevölkerung – und zu denen gehören wir – verbrauchen 80 Prozent aller Rohstoffe.

Wann hören wir endlich auf, unseren Planeten leer zu plündern?

Pessimisten geben dem Eisbären schon jetzt keine Chance mehr. Aber vielleicht wird es für die Arktis doch noch ein Schutzabkommen geben wie für die Antarktis, deren sensible Natur zumindest bis zum Jahr 2041 vor gierigen Zugriffen geschützt ist. Und vielleicht werden wir begreifen – *bevor* es zu spät ist.

Die größten Irrtümer zum Thema Klimaerwärmung

Der Mensch ist nicht allein für den Klimawandel verantwortlich.

Es besteht ein klarer wissenschaftlicher Konsens darüber, dass der Mensch für den Klimawandel verantwortlich ist. Die überwältigende Mehrheit der Fachleute ist einstimmig der Meinung, dass die Erde wärmer wird, dass der Mensch dafür verantwortlich ist und dass die Folgen gravierender werden, wenn wir weiter Treibhausgase in die Atmosphäre pumpen.

CO_2-Emissionen sind nur ein unbedeutender Teil, die das Klima beeinflussen.

Natürlich gibt es noch etliche andere Faktoren, die das Klima beeinflussen. Doch die CO_2-Emissionen haben wir zu verschulden, und wir sind es auch, die sie beeinflussen können. Ein Grund mehr, darauf zu achten und den von uns verursachten massiven Klimaänderungen größte Aufmerksamkeit zu widmen.

Das Klima verändert sich schon immer zyklisch. Die Klimaerwärmung ist vollkommen natürlich.

Das Erdklima hat sich im Laufe der Geschichte immer wieder verändert, auch sehr plötzlich. Aber ausnahmslos vor dem Hintergrund natürlicher Variationen der Co_2-Konzentration. Untersuchungen haben gezeigt, dass die Kohlendioxidwerte in der Luft heute höher sind als jemals zuvor. Mehr Co_2 in der Atmosphäre bedeutet höhere Temperaturen.

Die Klimaerwärmung wird durch das Ozonloch verursacht.

Es besteht in der Tat ein Zusammenhang zwischen Klimawandel und Ozonloch. Durch die dünnere Ozonschicht erreicht uns zwar mehr UV-Strahlung, aber auf die Temperaturen hat dies keine Auswirkung. Die einzige Beziehung zwischen Ozonloch und Klimawandel verläuft genau andersherum. Die globale Klimaerwärmung erschwert die natürliche Wiederherstellung der Ozonschicht. Die Klimaerwärmung heizt die unteren Schichten der Atmosphäre auf, kühlt die Stratosphäre aber ab und beschleunigt dadurch den Ozonabbau in der Stratosphäre.

Die Klimaerwärmung ist nicht mehr aufzuhalten.

Getreu der Devise: Wenn verdrängen nicht mehr hilft, verzweifeln wir eben. Es gibt vieles, was wir tun können, wir müssen bloß endlich damit anfangen.

Sofortmaßnahmen

I. Wechseln Sie zu einem Ökostrom-Anbieter!

II. Stichwort Energieeffizienz im Alltag, zum Beispiel in der Küche: Auch beim Kochen ist es wichtig, dass der Topf seinen Deckel findet! Denn ohne passenden Deckel verpulvern wir fast dreimal so viel Energie. Außerdem sollten Töpfe und Pfannen niemals einen kleineren Durchmesser haben als die Herdplatte, da sonst viel Wärme verschleudert wird.
Wer viel backt, sollte auf Umluft schalten, denn die Betriebstemperatur bei Umluft kann um 20 bis 30 °C niedriger eingestellt sein als bei Ober- und Unterhitze. Und aufs Vorheizen kann getrost verzichtet werden. Das spart bis zu 20 Prozent Energie!
Kochen auf Vorrat – eine gute Idee. Aber stellen Sie nur bereits abgekühlte Speisen in den Kühlschrank. Denn für lauwarme Speisen muss das Gerät stärker kühlen, und der Stromverbrauch steigt an.
Verzichten Sie bei der Maschinenwäsche auf den Vorwaschgang. Das spart Strom und Wasser. Außerdem rentiert es sich, die Wäsche statt auf 60 °C auf 40 °C bzw. statt auf 40 °C auf 30 °C zu waschen. Denn: Je heißer die Waschtemperatur, desto höher der Stromverbrauch. Und auch ein Wäscheständer ist allemal besser als der Energiefresser »Wäschetrockner«.

III. Der Einsatz energieeffizienter Geräte lohnt sich! Im privaten Haushalt ist der Kühlschrank oft der größte Einzelstromverbraucher – auch bei Effizienzklasse A++. Wenn Sie aber Ihren Kühlschrank auf eine Temperatur von 7 °C statt 5 °C einstellen, spart das schon wieder 10 Prozent Strom. Grundsätzlich gilt: Je kälter, desto energieaufwendiger.
Gute Nachricht für alle, die schon immer mit einer Spülmaschine ge-

liebäugelt haben: Ein moderner Geschirrspüler braucht weniger Wasser und Strom als ein noch so geübter Handspüler. Natürlich nur, wenn nicht alles vor dem Einräumen mit Wasser abgespült wird!
Achtung: Stand-by-Falle! Ob Hi-Fi-Anlage oder Fernseher, Notebook oder PC – das Gerät ist erst ausgeschaltet, wenn es vom Netz getrennt ist. Wer auf Nummer sicher gehen will, zieht einfach den Stecker oder schaltet die Steckerleiste aus. Auch Ladegeräte und Netzteile, die nach dem Ladevorgang oder Betrieb des Geräts in der Steckdose bleiben, fressen Energie.

IV. Eine gute Wärmedämmung von Gebäuden – ob bei Neubau oder Altbausanierung/-modernisierung – ist ein Klimaschutz-Muss, denn hier lässt sich besonders effektiv wertvolle Energie einsparen (30 Prozent!). Die Energieeinsparverordnung (EnEv[13]) der deutschen Bundesregierung trat, begleitet von KfW-Förderprogrammen, 2004 in Kraft, wurde 2007 – zeitnah zum UN-Klimabericht – erneuert und im Oktober 2009 – kurz vor dem Klimagipfel in Kopenhagen – noch einmal verschärft.
Wie aber kommt es, dass die schwarz-gelbe Bundesregierung jetzt, nur wenige Monate nach dem Kopenhagen-Desaster, gerade bei dem erfolgreichen CO_2-Gebäudesanierungs-, sprich Klimaschutzprogramm den Rotstift ansetzt? Dazu passt, dass just zur gleichen Zeit auch die Solarstromförderung drastisch gekürzt wird. Eine mehr als fragwürdige Entwicklung, mitten in der so dringend nötigen Kehrtwende in Sachen Energiepolitik zurückzurudern, statt noch einen kräftigen Schlag zuzulegen ... Wenn die Politiker weiter in so einem chaotischen Rhythmus rudern, vergeuden wir unweigerlich kostbare Kraft, die wir brauchen, um zu retten, was noch zu retten ist – und Zeit, die wir eigentlich gar nicht mehr haben.

Weiterführende Links:

- www.hannesjaenicke.zdf.de

Wie sich Ihr persönlicher CO_2-Anteil auf das Klima auswirkt, erfahren Sie unter:

- www.prima-klima-weltweit.de/co2/kompens-berechnen.php
  Hier können Sie Ihren individuellen Beitrag an der Klimaerwärmung errechnen lassen. Mit diesem Wissen ausgestattet, können Sie an einem klimaneutralen Lebensstil arbeiten.

Die folgenden Webseiten zeigen Ihnen Tipps und Tricks, Anregungen und praktische Ratgeber, wie Sie nicht nur Energie sparen, sondern auch gleichzeitig Ihren Geldbeutel schonen können.

- www.utopia.de
  Webseite über Konsum. Was darf ich bedenkenlos kaufen und was lieber nicht?
- www.energiespar-rechner.de
  Wie zahlt sich Energie sparen aus? Der Rechner gibt Antworten auf diese Frage.
- www.verbraucherzentrale-energieberatung.de
  Energieberatung der Verbraucherzentrale an mehr als 500 Orten
- www.thema-energie.de
  Webseite der deutschen Energie-Agentur
- www.initiative-energieeffizienz.de
  Tipps von der deutschen Energie-Agentur und von Stromanbietern
- www.energie-richtig-sparen.de
  Praktische Anregungen für den Haushalt
- www.verifox.de
  Preisvergleich von Strom und Gas

- www.energieblog.de
  Blog über Energiekosten, Trends und Entwicklungen
- www.energiesparen-im-haushalt.de
  Praxisnaher Ratgeber
- www.bund.net/bundnet/service/oekotipps/
  Was man tun kann, um die Natur und Umwelt weniger zu belasten.

In vielen Situationen ist es aber kaum möglich, auf Klimakiller wie Flugzeug & Co. zu verzichten. Doch auch in solchen Situationen kann man sich für das Klima einsetzen. Das Stichwort heißt: Wiedergutmachung. Auf folgenden Webseiten erfahren Sie mehr darüber:

- www.atmosfair.de
- www.fair-reisen.de

Wie es um unser Klima steht, darüber können Sie sich auf folgenden Seiten informieren.

- www.weathervane.rff.org
- www.net.org/warming
  Ein täglicher Nachrichtendienst zum Klimawandel
- www.environet.policy.net
- www.climateark.org
- www.ucsusa.org/global_warming
- www.gcn.de
- www.germanwatch.org
- www.vistaverde.de
- www.greenpeace.de/themen/klima/klimawandel/

Kaum etwas erscheint uns so selbstverständlich verfügbar wie frisches Süßwasser. Hahn auf – und schon plätschert es in Flaschen, Töpfe, Eimer, Kannen oder Badewannen … Doch Wasser ist unser kostbarster Rohstoff.

... und die andern müssen's ausbaden

Jeder Deutsche verbraucht pro Tag durchschnittlich 127 Liter Trinkwasser. Wie jede natürliche Ressource ist auch Wasser begrenzt. Die wachsende Weltbevölkerung und unser Konsumhunger (die Produktion eines Baumwoll-T-Shirts verbraucht mehr als 2700 Liter Wasser, die Produktion von einem Kilo Rindfleisch ca. 16 000 Liter) treiben den Wasserverbrauch jedoch immer weiter in die Höhe. Und dabei dreht der Klimawandel schon jetzt in vielen Regionen der Erde den Hahn zu: Regenfälle bleiben aus, das Grundwasser sinkt, Seen vertrocknen, Gletscher und Polkappen schmelzen: 2008 litt Spanien unter der schlimmsten Dürre seit 60 Jahren. In Zentralasien ist der Aralsee um die Hälfte geschrumpft, die Gletscher des Himalaya schmelzen in einem beunruhigenden Tempo.

> *Die wachsende Weltbevölkerung und unser Konsumhunger treiben den Wasserverbrauch immer weiter in die Höhe.*

Eis und Schnee der Gletscher- und Polarregionen sichern drei Viertel der weltweiten Süßwasserreserven. Grundwasser, Seen und das Wasser in der Atmosphäre machen hingegen nur ein Viertel aus. Beispiel Himalaya: Das höchste Gebirge der Erde liefert das Trinkwasser von 40 Prozent der Weltbevölkerung, indem es große Flusssysteme aus seinen Gletschern speist. In Indien, dem siebtgrößten Staat der Erde, sind derzeit 1,2 Milliarden Menschen von dem Wasser, das im Himalaya entspringt, abhängig. Und Indiens Wirtschaft wächst rasant. Das fordert natürliche Ressourcen wie Land, Wasser und Energie und jagt Emissionen in die Luft. Indien hat es mittlerweile auf Platz 5 der größten Klimasünder der Welt geschafft – nach den USA, China, Russland und Japan.

Was aber passiert, wenn die Gletscher schrumpfen und die zentrale Wasserquelle allmählich versiegt? Denn so gewaltig sie auch sein mögen ... Diese Kolosse bestehen nun einmal aus Eis und sind somit der globalen Erderwärmung schutzlos ausgeliefert. Prognosen gehen davon aus, dass es schon in 50 Jahren eng wird: Täler, durch die heute wasserreiche breite Flüsse fließen, verwandeln sich in karge Ödnis – wenn keine gravierenden Maßnahmen gegen die menschgemachte Klimaerwärmung unternommen werden. Das gilt nicht nur für die Gletscher in Asien, sondern auch für die weißen Giganten vor unserer Haustür. Hält die dramatische Gletscherschmelze in den Alpen an, woran kein ernstzunehmender Wissenschaftler mehr zweifelt, wird das weggetaute Eis zwar zunächst für ein Überangebot an (Schmelz-)Wasser sorgen, doch in 30 bis 40 Jahren werden die ersten Alpengletscher verschwunden sein und die Trinkwasserreservoirs im Alpenraum zur Neige gehen. Zumal der dunkle Fels, der von der ehemals weißen Pracht zurückbleibt, weniger Sonnenlicht reflektiert und so für noch größere Wärme sorgt. Ein Rückkopplungseffekt, der das Sterben der Gletscherwelt nochmals beschleunigt. Die Situation spitzt sich zu.

In 30 bis 40 Jahren werden die ersten Alpengletscher verschwunden sein und die Trinkwasser-Reservoirs im Alpenraum zur Neige gehen.

»Für eine sichere Zukunft müssen wir Wasser gemeinsam nutzen«, so UNO-Generalsekretär Ban Ki-moon zum Weltwassertag am 22. März 2009. Aber genau hier liegt das Problem. Haben denn die Ölstaaten einfach so ihr Schwarzes Gold hergegeben, als die westlichen Wegwerfgesellschaften immer mehr davon brauchten? Zig Kriege wurden und werden um Rohöl und den Zugang zu neuen Ölquellen geführt.

Wer an der Quelle sitzt, hat die Macht. Und dabei sind Öl, Gas & Co. nicht einmal überlebenswichtig. Ohne Wasser hingegen können wir alle einpacken.

Zumindest aber scheint das Bewusstsein, dass der Klimawandel auch im Hinblick auf die Wasserversorgung der Menschheit kein Spaß ist, in politische Sphären vorgedrungen zu sein. Seit einigen Jahren (2002) ist der Zugang zu einwandfreiem Trinkwasser ohne Diskriminierung anerkanntes Menschenrecht. Und im März 2009 wurde das Istanbuler Wasserabkommen unterzeichnet, das darauf zielt, »Wassermanagementstrategien« zu entwickeln, um der weltweiten Wasserknappheit zu begegnen. Wer die Stabilität von Städten und Regionen nicht gefährden will, so die Mahnung des 5. Weltwasserforums, dürfe keinen Tropfen Wasser vergeuden. Als Vorreiter bei der Suche nach tragfähigen Lösungen, sogenannte Champion-Städte, haben sich unter anderen Wien, Paris, Lausanne, Buenos Aires, Istanbul und die südkoreanische Stadt Icheon erklärt.

Wer an der Quelle sitzt, hat die Macht.

Weltweit gibt es mindestens 300 internationale, oft bilaterale Wasserabkommen, um Konflikten vorzubeugen. Aber können die wirklich etwas bewirken, wenn die globale Erwärmung auf zwei Grad und mehr klettert? Wenn weite Teile Afrikas inklusive der arabischen Staaten sowie die Mittelmeerregion und Südeuropa austrocknen? Wenn die Existenz von Millionen Menschen – und ganzer Industriezweige – bedroht ist? Es ist davon auszugehen, dass eine ganz neue Bevölkerungsgruppe drastisch zunehmen und den (wasser-)reichen Norden vor kaum zu kalkulierende Herausforderungen stellen wird: die Klimaflüchtlinge. Denn anders als das nördliche Europa und die USA kann eine ohnehin von Armut und Gewaltkonflikten geschundene Region wie Zentralafrika die Auswirkungen der Klimaerwärmung nicht aus eigener Kraft bewältigen.

Ein Kraftakt ist es offenbar auch, den politischen Entscheidungsträgern – insbesondere der Industriestaaten – klarzumachen, in welcher Situation sich die Inselstaaten im Südpazifik mittlerweile befinden. »The fate of my country rests in your hand.« Der Regierungsvertreter des pazifischen Inselstaats Tuvalu kämpfte mit den Tränen, als er den Appell zur Rettung seines Landes auf der UN-Klimakonferenz verlas. Denn in wenigen Jahren wird sein Land verschwunden sein, sollte der Meeresspiegel weiter steigen. Die Inselbewohner im Pazifik müssen sich darauf einstellen, dass ihre Heimat in naher Zukunft vom Meer geschluckt wird. Sie müssen die Klimafolgen unseres Luxuslebens ausbaden. Zwar wissen auch die Niederlande mit ihrem ausgedehnten, tief liegenden Küstengebiet, was ihnen droht, wenn der Meeresspiegel aufgrund der Erderwärmung weiter steigt, aber sie verfügen über die finanziellen und technischen Kapazitäten, um ihre Bewohner zu schützen: Deiche werden erhöht, Strände verbreitert, Dünen gesichert. Die entsprechende Behörde (Rijkswaterstaat) verfügt bereits heute über einen höheren Etat als das niederländische Verteidigungsministerium. Inselstaaten wie Tuvalu und die Malediven, aber auch Länder wie das dicht besiedelte Bangladesch, das zu den ärmsten Ländern der Welt zählt, haben den drohenden Flu-

Die Inselbewohner im Pazifik müssen die Klimafolgen unseres Luxuslebens ausbaden.

Steigt der Meeresspiegel um einen halben Meter, wird die Hälfte aller Reisfelder Bangladeschs vom Meer überschwemmt sein.

ten nichts entgegenzusetzen: Steigt der Meeresspiegel um einen halben Meter, wird die Hälfte aller Reisfelder Bangladeschs vom Meer überschwemmt sein. Zu Zigtausenden werden die Menschen flüchten müssen. Aber wohin?

Eine Frage, die sich auch die Regierungen der reichen Länder stellen sollten. Doch nach dem aufgeblasenen Klimagipfel 2009, der als »Pleite von Kopenhagen« in die Geschichtsbücher des globalen Klimaschutzes eingehen wird, scheint die Luft raus zu sein: Nur schwammige Absichtserklärungen. Meilenweit entfernt von jenen konkreten Zielen, die notwendig wären, um die verheerenden Folgen einer Klimaerwärmung von mehr als zwei Grad abzuwenden. Vielleicht hoffen die Verantwortlichen ja insgeheim, dass die immer lauter werdenden Klimawandelskeptiker doch recht haben und sich die Klimakatastrophe höchstens als Kataströphchen entpuppt. Und um die können sich ja dann auch andere kümmern ...

Auszug aus dem Interview mit Dr. Norbert Röttgen, Bundesumweltminister

Judith Adlhoch

Setzen Sie beim Umwelt- und Artenschutz auch auf die kommende Generation? Ich meine, wir sind alle nicht mit diesen Dingen groß geworden, und es ist immer sehr schwer, Erwachsene umzuerziehen; so edel sind die meisten Leute doch nicht.

Dr. Norbert Röttgen

Mit Umerziehung werden wir es nicht schaffen, das ist auch nicht mein Ansatz. Ich glaube, dass es eine gute moralische Motivation und Haltung dafür gibt, aber: Es ist auch unser wirtschaftlicher Weg, es ist auch unser Wohlstandsweg. Wer auf wirtschaftliches Wachstum setzt, wird es nicht mit der old economy schaffen, weil sich damit das Wachstum selbst infrage stellt; nachhaltig zu wirtschaften beinhaltet also auch ein schieres Eigeninteresse, weil das Wirtschaften anderenfalls zum Ende kommt.

Hannes Jaenicke

Aber wie verträgt sich das mit dem Wachstumsgedanken?

Dr. Norbert Röttgen

Das ist die Fortführung und Fortentwicklung des Wachstumsgedankens mit einem anderen Charakter von Wachstum. Wir brauchen einen neuen Wachstumsbegriff, der qualitativ und am Menschen orientiert wird. Was schützt, was nützt und fördert das Leben des Menschen? Und dabei ist man ganz schnell an der Beziehung des Menschen zur Natur, denn wenn die Schöpfung keine Zukunft hat, haben auch der Mensch und die Menschheit keine Zukunft.

Sofortmaßnahmen

I. Auto fahren ist klimafeindlich. Ohne Wenn und Aber. Viele von uns sehen aber (noch) keine Alternative. Also bleibt nur, beim nächsten Autokauf auf das umweltfreundlichste Modell umzusteigen. Unter www.adac.de/autotest/ecotest lässt sich ganz schnell herausfinden, ob Ihr Lieblingsauto auch ein Klimaliebling ist.

Und wer auf sein Auto nicht verzichten mag, sollte sich zumindest unnötige Strecken sparen – lieber ein Großeinkauf pro Woche, statt für jede Kleinigkeit zum Supermarkt zu düsen. Und man sollte mit einer umweltfreundlichen Fahrweise überzeugen: niedertourig und vorausschauend fahren, langsamer werden oder anhalten stets im aktuellen Gang, denn die Schubabschaltung verbraucht anders als der Leerlauf keinen Treibstoff, und nicht wochenlang mit dem Sperrmüll des letzten Umzugs durch die Stadt fahren: »Stop and Go« mit überflüssigem Ballast im Auto bedeutet einen sinnlosen Mehrverbrauch. Und wie oft vergessen wir einfach, den Reifendruck zu optimieren ...

II. Konsum herunterschrauben und secondhand einkaufen! Denn der Energie- und Wasserverbrauch bei der Herstellung von Konsumgütern wie Kleidung, Spielzeug und Autos (bis zu 300 000 Liter pro Pkw!) ist immens.

III. Der Wasserverbrauch bei der Nahrungsmittelproduktion schlägt ebenfalls stark zu Buche. Beispiel Rindfleisch: In der erforderlichen Gesamtmenge von 16 000 Litern Wasser pro Kilo stecken unter anderem das Trinkwasser für die Tiere und das Wasser für die Futterpflanzen. Rindfleisch, das aus eher trockenen Regionen importiert wird, hat daher eine höhere Wasserverbrauchsbilanz als Rindfleisch aus regenreichen Gebieten. Auch die exportorientierte Agrarnutzung in Trockenregionen schröpft somit die dortigen Wasserressourcen und trägt zur Wasserknappheit bei. Darum lieber öfter Obst und Gemüse aus heimischen Gefilden kaufen, das ohne künstliche Bewässerung auskommt, als Obst aus Mittelmeerländern, Afrika, Südamerika oder Australien!

IV. Think global – buy local!
Global denken – lokal kaufen!

Weiterführende Links:

- www.benzinsparen.eu
  Tipps zum Benzinsparen
- www.nabu.de/aktionenundprojekte/spritsparen
  Tipps zum Benzinsparen
- www.utopia.de
  Seite über Konsum. Was darf ich bedenkenlos kaufen und was lieber nicht?
- www.hannesjaenicke.zdf.de

Happy End?

Wäre die Welt eine Bank, hättet ihr sie längst gerettet! Mehr als 400 Milliarden Euro macht die Bundesregierung locker (auf Pump natürlich). Nein, nicht um die Erde vor dem Kollaps zu retten, indem sie in Klimaschutzmaßnahmen investiert, sondern um den vermeintlichen Kollaps unseres Finanzsystems abzuwenden. In Regierungs- und Wirtschaftskreisen herrscht eitel Einigkeit: Der Spekulationsmüll, den die Banker produziert haben, muss entsorgt werden. Die Erde, die wir Menschen bis zum Gehtnichtmehr ausgepumpt und zugemüllt haben, muss auf ihr Rettungspaket warten. Warum geht die Öffentlichkeit eigentlich nicht vor Wut an die Decke?

Wäre die Welt eine Bank, hättet ihr sie längst gerettet!

Greenpeace-Slogan

Aber es sind bestimmt nicht die moralisierend daherredenden Gutmenschen oder wutschnaubende Klugscheißer, die unsere Erde jetzt braucht.

Die wirkungsvollste Klimaschutzmaßnahme ist eine respektvolle Haltung gegenüber der Natur! Was die Erde dringend braucht, sind Menschen mit echtem Verantwortungs- und Mitgefühl, Menschen, die ohne prahlerisches Getöse und Brimborium ihren Lebensstil ändern. Ich bin davon überzeugt, dass solche Menschen zu Vorbildern werden: für Freunde und Arbeitskollegen, aber vor allem für die Kinder. Wozu *wir* uns vielleicht noch zwingen müssen, ob zum Mülltrennen, Glasflaschenkauf, Fahrradfahren oder dem Kontrollblick in den Fischratgeber, wird für die nächste Generation völlig selbstverständlich sein – wenn wir es unseren Kindern vorleben ... Denn so wichtig neue Technologien für die Unabhängigkeit von sich erschöpfenden fossilen Brennstoffen sind, und so unausweichlich ein energiepolitischer

Paradigmenwechsel ist, der auf erneuerbare Energien und Energieeffizienzsteigerung setzt: Das Nonplusultra und damit Machtvollste ist die klimabewusste Haltung der Zivilgesellschaft. Und die ist weder von oben zu diktieren noch abhängig von internationalen Klimaschutzverträgen, sondern wird von jedem Einzelnen bestimmt. Eins muss uns deshalb allen klar sein: Dieses Buch zu schreiben oder zu lesen ist *kein* Schritt in Sachen Klimaschutz.

Die wirkungsvollste Klimaschutzmaßnahme ist eine respektvolle Haltung gegenüber der Natur!

Denn sich der menschgemachten Bedrohung »unserer« Erde bewusst zu sein ist das eine, das andere und Entscheidende aber ist die Tat.

Schon unser schlechtes Gewissen, das uns einredet, immerhin etwas begriffen zu haben, ist nur fauler Selbstbetrug. Auch Tausende Raucher und Sportmuffel wissen, dass ihre Gesundheit jubeln würde, wenn sie ab sofort nicht mehr rauchten und sich regelmäßig mehr bewegten. Doch solange sie sich nur mit dem schlechten Gewissen herumschlagen oder immer neue Ausreden finden, warum das mit dem Aufhören bzw. Anfangen jetzt gerade nicht geht, wird ihr Körper keinen Deut fitter… Wenn ich mir aber anschaue, was sich allein in den vergangenen drei Jahren in Sachen Umweltbewusstsein in unseren Köpfen getan hat – angefangen beim Kauf von Fairtrade- und regionalen Bioprodukten bis

Sich der menschgemachten Bedrohung »unserer« Erde bewusst zu sein ist das eine, das andere und Entscheidende aber ist die Tat.

»Wir säen ständig die Samen für unsere Zukunft.«

Aus einer buddhistischen Meditation

hin zu Klimaschutz-Investments –, dann stärkt das trotz aller Scham und Wut mein Vertrauen in das berühmte »Schneeballprinzip«, mit dem sich der Gemeinschaftssinn und damit das persönliche Engagement für Klima- und Artenschutz auch in unserer Spaßgesellschaft durchsetzen wird. Vielleicht ist er ja schon da, der Anfang vom Ende unserer Entfremdung von der Natur ...

»Lasst uns nicht auf das konzentrieren, was uns trennt, sondern auf das, was uns verbindet.«

Dänemarks Ministerpräsident Lars Løkke Rasmussen in seiner Eröffnungsrede zur 15. internationalen Klimakonferenz

Auszug aus dem Interview mit Dr. Norbert Röttgen, Bundesumweltminister

Hannes Jaenicke

Ich will keinen ethischen Verzicht und auch keinen moralischen. Da bin ich absolut Ihrer Meinung. Aber ich denke, in gewissen materiellen Bereichen wäre Verzicht beim Kaufverhalten ein unglaublicher Gewinn.

Dr. Norbert Röttgen

Ich würde Maß anstelle von Verzicht setzen. Denn der Punkt ist, wenn wir nicht Landwirtschaft und Fischerei nachhaltig betreiben, können wir zwar noch einige Zeit über die Maßen konsumieren, haben aber hinterher gar nichts mehr. Wir zehren ja auch für die Zukunft alles auf – für uns, aber erst recht für die nächsten Generationen. Unser Verhalten bestimmt folglich darüber, dass die nächste Generation gar nicht mehr zwischen Verzicht und Konsum entscheiden kann, weil wir alles konsumiert haben. Wichtige Punkte bleiben natürlich Verschwendung, Maß halten, Veränderung, Nachhaltigkeit in der Nutzung, Ernährung. Wir können wählen: Entweder essen wir dann Erdbeeren, wenn sie bei uns auf den Feldern wachsen, oder im Dezember, dann als eine CO_2-Fracht aus Chile oder Südafrika. Ob das zur Kategorie Verzicht gehört, mag jeder entscheiden. Ich bin aber nicht so pessimistisch, dass die Menschen dazu nicht bereit sind, wenn sie das Ziel klar erkennen. Und das Ziel heißt Erhaltung der Lebensgrundlagen für meine Kinder und Enkelkinder, für meine Verwandten, zu denen ich eine Beziehung habe, die ich liebe. Gerade in der deutschen Gesellschaft existiert ein hohes Bewusstsein dafür, einen Weg zu finden, um die Lebenschancen für die nächsten Generationen zu sichern.

Meine persönliche Do-It-Yourself-, Easy-To-Do-, Weltverbesserungsliste zur Rettung der Umwelt

1. Schleunigst zu einem **Ökostrom-Anbieter** wechseln. Vorsicht vor den weitverbreiteten Mogelpackungen, die im Kleinstgedruckten Kohle- und Atomstrom beimischen. Zuverlässig sind Greenpeace Energy, Naturstrom.de u. v. a. Der Wechsel ist simpel und schmerzlos, dauert per Internet, Fax oder SMS nur wenige Minuten, kostet im schlimmsten Fall ein paar Cent mehr und ärgert die Monopolisten Eon, RWE, Vattenfall, EnBW.

2. **Ladegeräte** nur im Stecker lassen, wenn Handys, elektrische Zahnbürsten, Kamera-Akkus o. Ä. tatsächlich geladen werden. Sobald sie geladen sind, Stecker raus. Die Ladegeräte ziehen auch dann noch Strom, wenn das Gerät längst entfernt wurde.

3. Alle **Stand-by-Geräte** wie Computer und Fernseher ausschalten, wenn sie nicht in Betrieb sind. Es gibt Berechnungen, dass man ein ganzes AKW vom Netz nehmen könnte, wenn alle Bewohner Deutschlands ihre Geräte von »Stand by« auf »Aus« schalten würden.

4. Nie heißer waschen als 40 Grad. Moderne Waschmittel sind so effizient, dass höhere **Waschtemperaturen** überflüssig sind.

5. Keine **Weichspüler** benutzen. Sie sind Umweltgifte. Es ist noch keiner gestorben, weil das Handtuch bei der ersten Benutzung nach der Wäsche ein wenig gekratzt hat.

6. **Wäschetrockner** abschaffen. Ein Wäscheständer spart jede Menge Strom und Kosten.

7. **Bio-Waschmittel** benutzen. Gleiches gilt für Reinigungs- und Putzmittel. Alle konventionellen Mittel vergiften Flüsse, Seen, Meere und ihre Bewohner.

8. **Wasser** sparen. Beim Zähneputzen oder Nassrasieren den Wasserhahn zudrehen. Duschen statt Baden. Kaltwasser beim Aufdrehen des Warmwassers auffangen und nutzen, z. B. zum Blumengießen oder Kochen.

9. **Licht** aus. Nur Lampen brennen lassen, die tatsächlich gebraucht werden.

10. Keine **batterie**betriebenen Geräte mehr kaufen. Batterien sind Giftmüll. Beispiel Taschenlampe: Gibt es längst mit Dynamo oder Solar-Betrieb. Kameras, Musiklautsprecher etc. mit Akkus betreiben, nicht mit Batterien.

11. **Regionale Produkte** kaufen. Muss ein Mineralwasser aus Italien herangekarrt werden, wenn es auch aus der Eifel kommen kann? Müssen wir in Deutschland Weine trinken, die aus Übersee eingeflogen werden? Und schmecken exotische Nahrungsmittel vom anderen Ende der Welt wirklich besser? Der Transport von weither produziert Unmengen CO_2.

12. Saisonal **konsumieren**. Wir genießen im Mai ja auch die Spargel-Saison. Muss man im Winter Erdbeeren essen?

13. Autos als Identitätsprothesen oder als Status- bzw. Potenzsymbol sind so was von passé. Wozu Gelände- und Sportwagen in Großstädten? Das Angebot an Spardieseln, Hybrid- und Elektro-Autos wächst ständig. Die sparen CO_2 und Benzinkosten. Auch das Fahrverhalten trägt dazu bei, ob man als Umweltsau unterwegs ist oder eben nicht. Ich fahre meinen Passat Blue Motion grundsätzlich mit Verbrauchsanzeige und kriege die Krise, wenn sie über fünf Liter pro 100 km anzeigt. Und Depression setzt ein, wenn ich tanken muss, bevor ich mindestens 1200 km mit einem Tank gefahren bin. Hierzu gibt es reichlich Infos im Internet.

14. Keine **Plastik- oder Papiertüten** mehr. Entweder bereits vorhandene wieder benutzen oder Stofftragetaschen verwenden. Plastikprodukte wie Plastikflaschen, -möbel, -spielzeug, -geschirr vermeiden. Sie benötigen Hunderte von Jahren, um abgebaut zu werden. Nur ca. 60 Prozent der verkauften Plastikflaschen werden in Deutschland recycelt. Also Glas- oder Metallflaschen benutzen und wieder auffüllen. Plastik ist ein gigantisches, giftiges Umweltproblem.

15. In **Coffeeshops** wie Starbucks, McCafé etc. eigene Tasse mitbringen, um Plastik- und Papiermüll zu vermeiden.

16. Kein **Tropenholz** wie Teak, Meranti, Bangkirai etc. kaufen. Leider sind die meisten Zertifikate unzuverlässig oder sogar gefälscht. Heimische Hölzer tun es auch, auch wenn sie nicht als Billigstmöbel in jedem Gartencenter angeboten werden.

17. Heizung runterdrehen. Es tut nicht weh, auch zu Hause gelegentlich einen Pulli anzuziehen. O.g. Berechnung besagt, dass ein weiteres AKW abgeschaltet werden könnte, wenn alle deutschen Haushalte die Heizung um ein Grad (!) herunterdrehen würden.

18. Aircondition aus. Es tut ebenso wenig weh, wenn einem ein paar Schweißperlen auf der Stirn stehen. Aircondition frisst Unmengen an Energie und ist nachweislich ungesund.

19. Flugreisen reduzieren. Fernreisen überdenken. Bahn fahren, auch wenn die DB gelegentlich ein Ärgernis ist. (Dafür ist sie sicher vor Aschewolken und Pilotenstreiks.)

20. Auch **Fahrrad fahren** bietet sich an, v. a. in den Städten. Ist ganz nebenbei gesund und erspart die Parkplatzsuche.

21. Fastfood vermeiden, wegen Verpackungsmüll, Lebensmittelzusätzen, Geschmacksverstärkern, Überzuckerung etc.

22. Fleischkonsum reduzieren. Ein Viertel der gesamten Landfläche unseres Planeten dient ausschließlich der Futtermittelproduktion für 1,4 Milliarden Rinder auf der Welt! Und die Herstellung eines Kilos Rindfleisch verbraucht 177-mal so viel Wasser wie die eines Kilos Äpfel. Mal ganz abgesehen vom katastrophalen Methan- und CO_2-Ausstoß der Fleisch- und Agrarindustrie und ihrer abartigen Massentierhaltung.

23. Bio-Nahrungsmittel kaufen. Auch wenn nicht überall Bio drin ist, wo Bio draufsteht, so sind Bio-Produkte laut Greenpeace um ca. 80 Prozent weniger belastet als konventionell produzierte. Wer will schon täglich Sachen futtern, die mit Pestiziden, Herbiziden, Fungiziden, Insektiziden, Antibiotika, Desinfektionsmitteln, Wachstumshormonen belastet oder genmanipuliert sind? Abgesehen von den Schäden, die durch den massenhaften Einsatz chemischer Düngemittel entstehen ... Und wenn man in Bio-Läden einkauft, ist es leicht, auch gleich nach Fairtrade-Gesichtspunkten zu shoppen. Produkte mit dem Fairtrade-Siegel sorgen dafür, dass nicht fragwürdige Großkonzerne wie Nestlé und Kraft an den Lebensmitteln verdienen, sondern kleine Produktionsgenossenschaften in den produzierenden Ländern Afrikas und Südamerikas. So betreibt man als Käufer sinnvolle Entwicklungshilfe.

24. Keine motorisierten **Sportarten** mehr. Auto-, Motorrad- und Flugsport, Fallschirmspringen, Jetski, Wasserski, Wakeboard etc. Zumindest bis eine akzeptable Alternative zu fossilen Brennstoffen auf dem Markt ist.

25. Precycling. Man kann schon beim Einkaufen Produkte vermeiden, die mit dem unsäglichen Verpackungswahn gesegnet wurden. Ein Mini-Elektronik-Produkt, das in 500 Gramm Plastik eingeschweißt ist? Artikel, die in Unmengen Pappe, Papier, Folien verpackt sind? Am besten im Regal lassen, dann erspart man sich das mühsame Recycling.

26. Fischratgeber. WWF, Greenpeace u. a. bieten praktische Fischlisten an, um den Fischliebhaber zu informieren, welches See-Getier überfischt und welches noch genießbar ist. Bei Greenpeace gibt's ein Gratis-App fürs iPhone, sinnigerweise »Fischratgeber« genannt.

27. Zum **Kochen**. Als berühmtester Nicht-Koch Deutschlands kenne ich Umwelttricks beim Kochen nur vom Hörensagen: Pell- oder Bratkartoffeln benötigen nur einen Bruchteil der Energie, die Pommes Frites benötigen. Eier, Reis, Kartoffeln u. a. bereits in den Topf mit Kaltwasser legen und nicht erst, wenn das Wasser kocht. Im Winter nach Benutzung des Backofens die Klappe offen lassen, das heizt gründlich ein. Tiefkühlkost vermeiden, weil Produktion und Lagerung extrem energieintensiv sind. Es gibt mit Sicherheit unzählige weitere Tricks und die entsprechenden Websites zum Thema, u. a. bei »Galileo«.

28. Mülltrennung. Des Deutschen Lieblingssport. Trotzdem verschwinden immer noch Millionen Tonnen von Haushaltsmüll an den falschen Orten anstatt im Wertstoffhof oder anderen Recycling-Lokalitäten. Dies gilt vor allem für Elektro- und Sondermüll.

29. Konsumverweigerung trotz des unsäglichen »Wachstumsbeschleunigungsgesetzes« (welch hübsche Vokabel). Die Produktion einer Jeans verbraucht 10 850 Liter Wasser nebst giftigen Färbstoffen etc. Bei einem T-Shirt sind es 2700 Liter. Müssen wir jedem Modetrend hinterherhecheln und uns ständig neu einkleiden? Brauchen wir wirklich jedes Jahr ein neues Handy? Die neuesten LCD/HDTV/3D-Flatscreen-Geräte? Den trendigsten Elektronikschnickschnack? Die Wegwerfgesellschaft hat für Vor- und Nachdenker ausgedient, oder?

30. Don't buy **»Made in China«**. Das dortige Regime tritt nicht nur Menschenrechte mit Füßen, sondern auch Natur und Umweltschutz (siehe Kopenhagen). Im Jahr 2008 ging in China jede Woche (!) ein neues Kohlekraftwerk ans Netz. Und die in China produzierten Spielwaren sind bleivergiftet. Noch Fragen?

Wer glaubt, alles oben Genannte sei Spaßbremse pur, der sei getröstet: Ich versuche seit Jahren nach dieser Liste zu leben, mit regelmäßigen Ausrutschern (z. B. berufsbedingten Flugreisen), und habe Lachen und Spaß nicht verlernt. Im Gegenteil. Man muss nicht zum humorfreien, verbissenen Super-Öko mutieren, um etwas zur Weltrettung beizutragen. Es ist wie beim Rauchen: Jede Kippe weniger ist ein Gewinn, kein Verlust oder Verzicht. Und im Gegensatz zum Kochen weiß ich beim Rauchen, wovon ich rede.

Hannes Jaenicke, im Herbst 2010

Acknowledgements und Danksagungen in alphabetischer Reihenfolge

Frank Albrecht,
Campaigner Zoo/Zirkus/Unterhaltung
PETA Deutschland e.V.
www.peta.de

Randall Arauz,
Pretoma, San José, Costa Rica
www.pretoma.org

Matthias Breiter,
Churchill, Manitoba, Canada
www.wildlifefotofilm.de

Stefanie Brendl,
Shark Allies, Oahu, Hawaii, USA
www.sharkallies.org

Alexander Catarinelli,
www.scenario-studio.de

Emmanuel de Merode PhD,
Directeur Parc National des Virunga, Rumangabo, Demokratische Republik Kongo
www.gorilla.cd

Nicolas Entrup,
Geschäftsführer WDCS Deutschland
www.wdcs-de.org

Jochen Flasbarth,
Präsident des Umweltbundesamtes, Berlin, Deutschland
www.umweltbundesamt.de

Sigmar Gabriel,
Bundesumweltminister a. D., MdB, Parteivorsitzender, Berlin, Deutschland

Alexander Grawe,
Bangkok, Thailand

Dr. Andreas Keppeler,
Vorsitzender Shark Project, Offenbach, Deutschland
www.sharkproject.org

Johannes B. Kerner,
Fernsehmoderator, Hamburg

Melanie Klußmann,
Umweltbundesamt (UBA), Berlin, Deutschland
www.umweltbundesamt.de

Dr. Hermann Kruse,
Toxikologe, Universität Kiel, Deutschland
www.uni-kiel.de/toxikologie

Markus Lanz,
Fernsehmoderator, Köln

Lutz Lämmerhold,
Umweltbeauftragter der Deutschen Lufthansa, Frankfurt, Deutschland
www.lufthansa.com

David Löwe & Burda Live,
www.burda-live.de

Ph.D. Carl Meyer,
The Hawaii Institute of Marine Biology, USA
www.hawaii.edu/HIMB/

Prof. Dr. Manfred Niekisch,
Zoo Frankfurt, Deutschland
www.zoo-frankfurt.de

Sandra Paule, PR,
Berlin, Deutschland
www.sandrapaule-pr.de

Egon Riedel, Musik,
www.ego-n.de

Dr. Norbert Röttgen,
Bundesumweltminister

Rainer Unruh,
Journalist, Hamburg

Peter van Coeverden de Groot,
Queen's University, Nunavut, Canada

Edwin Wiek,
Wildlife Friends of Thailand
www.wfft.org

Achim Schreyer,
Berlin, Deutschland

Tom Sengalama,
Regional Coordinator/Executive Secretary,Greater Virunga Transboundary Collaboration (GVTC), Kigali, Rwanda

Dr. Willie Smits,
Borneo, Indonesien

Christiane Soyke,
Journalistin, Hamburg

TANGO-Film GmbH, München:
Judith Adlhoch
Sven Bender
Jens Cordes
Georg Michael Fischer
Eva Gfirtner
Felix Hoch
Janna Sperling
Markus Strobel
Kai Voßkämper
www.tangofilm.de

Pro Wildlife e. V. , München, Deutschland:
Dr. Sandra Altherr
Annette Sperrfechter
www.prowildlife.de

Schoeller & Rehlingen PR,
Hamburg/München:
Sandra Köhnert
Andrea Schoeller
Alja Tabache
Alexandra von Rehlingen
www.svr-pr.de

Uganda Wildlife Authority (UWA),
Kampala, Uganda:
Eunice Mahoro
Moses Mapesa
www.uwa.or.ug

UNEP/CMS Secretariat, Bonn,
Deutschland:
Veronika Lenarz
Melanie Virtue
www.cms.int
www.unep.org

Leadership for Conservation in Africa (LCA), Pretoria, South Africa:
Chris Marais
Sabine Plattner
www.lcafrica.org

Greenpeace Deutschland,
Hamburg, Deutschland
www.greenpeace.de

ZDF:
Volker Angres
Peter Arens
Dr. Thomas Bellut
Manfred Haus-Pflüger
Alexander Hesse
Dr. Renate Marel
Cora Szilasko
www.zdf.de

Zoologische Gesellschaft Frankfurt,
Deutschland:
Dipl.-Biol. Dagmar Andres-Brümmer
Robert Muir
Dr. Christof Schenck
www.zgf.de

Rat & Tat:
Thomas Jauch
Tina Scheingraber
Barbara Thielen
Guido Thomsen

Anmerkungen

1 Franz Alt: Sonnige Aussichten. Wie Klimaschutz zum Gewinn für alle wird. Gütersloh 2008, S. 11
2 The Guardian/der Freitag, 4. 3. 2010, S. 6
3 Tagesspiegel, 25. 2. 2010, S. 24
4 Richard David Precht: Wer bin ich – und wenn ja, wie viele? München 2009, S. 239
5 »Rotkäppchen«, Brüder Grimm: Märchen. Würzburg 2003, S. 117
6 »Der Wolf und die sieben Geißlein«, Brüder Grimm: Märchen. Würzburg 2003, S. 166
7 Der 50-jährige ist der Gründer der inzwischen weltweit größten Rettungsorganisation für Orang-Utans: die Borneo Orang Utan Survival Foundation (BOS)
8 http://www.amazon.de/Glucosamine-Chondroitine-Advance-Arthritis-Gelenkbeschwerden/dp/B0019Y709A
9 http://www.bfr.bund.de/cm/220/klimawandel_bedingte_aufnahme_von_toxischem_methyl-quecksilber_ueber_den_fischkonsum.pdf
10 The Guardian / der Freitag, 4. 3. 2010, S. 6
11 CITES: Convention on International Trade in Endangered Species of Wild Fauna and Flora (Übereinkommen über den internationalen Handel mit gefährdeten Arten freilebender Tiere und Pflanzen)
12 www.jagd-touren.de
13 http://www.enev-online.de/enev/enev_2009.htm

Die weiterführenden Links wurden am 29. Juni 2010 alle überprüft. Sollte sich nach Drucklegung an ihnen etwas geändert haben, kann der Verlag dafür keine Haftung übernehmen.

Register

Bildnachweis

Sofern unten nicht anders genannt, wurden die Fotos von Sven Bender und die Filmstreifen von Markus Strobel erstellt. Die Rechte der abgebildeten Fotos liegen bei ZDF Enterprises GmbH, ©ZDFE 2010 – Alle Rechte vorbehalten.

Katrin Schmidt, Literaturtest: 11, 19

Fotolia.com: 6/7, 23, 24 (Weimar), 41 (Dmitrij), 47 (Xaver Klaußner), 48/49 (Friedrich Hartl), 97 (cphoto), 102/103 (cbpix), 105 (Timothy), 136/137 (Karin Schnirch), 163 (max5128), 164 (Andy Magee), 165 (martin 1985), 166 (Angelika Möthrath), 204 (UryadnikovS)

Getty Images (lizenzfrei): 227

Picture Alliance: 142/143

Um die ganze Welt des
GOLDMANN Verlages
kennenzulernen, besuchen Sie uns doch
im **Internet** unter:

www.goldmann-verlag.de

Dort können Sie
nach weiteren interessanten Büchern ***stöbern***,
Näheres über unsere ***Autoren*** erfahren,
in ***Leseproben*** blättern, alle ***Termine*** zu Lesungen und
Events finden und den ***Newsletter*** mit interessanten
Neuigkeiten, Gewinnspielen etc. abonnieren.

Ein ***Gesamtverzeichnis*** aller Goldmann Bücher finden
Sie dort ebenfalls.

Sehen Sie sich auch unsere ***Videos*** auf YouTube an und
werden Sie ein ***Facebook***-Fan des Goldmann Verlags!